密教《みっきょう》と算盤《そろばん》

共感経営を行うための95のヒント

中村芳生
Nakamura Yoshio

論創社

はじめに――「論語と算盤」から「密教と算盤」へ

企業に哲学がなければ単なる集金集団です。自社の利益（自利《じり》）を上げつつ社会的責任（利《り》他《た》）を果たすために企業哲学を構築していますか？「論語と算盤《そろばん》」を活用しましたか？社会貢献をするために企業の大事な資産を減らしていませんか？　社会貢献より従業員の給料を上げてほしいと言われませんか？

本書では、自利の追求とともに利他を実現して売上につなげる方策を提案しています。この実践により、企業の継続に不可欠な新たな問いを産み出し、その問いに答える組織では、社員が生き生きとして顧客を惹《ひ》きつけ、新たな市場を開拓できます。

本書で密教哲学を修得して瞑想《めいそう》を行うことにより、脳機能が活性化するとともに、孤独感から解放されます。第1章でエッセンスをまとめ、第2章で最重要な5つの智慧を説明していますので、第1章と第2章だけでもご覧いただければ幸いです。また、本書を始めから順に終わりまで読んでいただければ嬉しいのですが、問いと答の形式で記載していますので、多忙な皆さんの関心のある問いのところだけでもお読みください。

２０２３年３月

中村　芳生

目次

はじめに――「論語と算盤」から「密教と算盤」へ …… 3

序章◉自利利他の経営は密教哲学で学べ

成功のために必要なインサイドストーリー …… 12
経営者や企業人の煩悩への処方箋 …… 13
自利利他の心による企業哲学の必要性 …… 14
瞑想によるイノベーション …… 15

第1章◉まずは「密教と算盤」のエッセンスを知っておこう

問1 本書を読めば企業経営や仕事はどう変わりますか? …… 18
問2 今の科学技術の時代における経営には、宗教に関わる本が必要ですか? …… 21
問3 著者は誰ですか、この本を書いた動機は? …… 23
問4 空海は、どのような活躍をしたのですか、企業経営に近いことをしていたのですか? …… 25
問5 密教哲学の核心である即身成仏とは? …… 26
問6 色即是空・空即是色の「空」とは? …… 30

問7　生と死についてはどのように考えていますか？……35
問8　苦しみの原因とされる分け隔てにどう対応すべきですか？……36

第2章◉経営の成功に最重要な「5つの智慧」とは何か

問9　経営者・企業人にとって必要な5つの智慧とは何ですか？（金剛界曼荼羅）……40
問10　鏡の智慧とは何ですか？……44
問11　平等の智慧とは何ですか？……48
問12　個別の智慧とは何ですか？……50
問13　実行の智慧とは何ですか？……52
問14　統合の智慧とは何ですか？……54
問15　5つの智慧による企業経営とは？……57
問16　企業経営の具体例を基に5つの智慧で分析してください。……59
問17　5つの智慧によるアート思考・デザイン思考とは？……63
問18　和文化の具体例を基に5つの智慧で分析してください。……66
問19　5つの智慧によるアート経営とは？……70
問20　5つの智慧によるデザイン経営とは？……71
問21　デザイナーが5つの智慧を活用して地方・地域の活性化に取り組んでいる例は？……74
問22　上司を諫めるべきでしょうか、上司の言う通りに従うべきでしょうか？……78

問23 就職・転職の考え方を教えてください。…… 81
問24 採用に当たって密教哲学をどう活かしたらいいですか？…… 83
問25 転職していく社員に困っています。…… 87
問26 経営すること、働くことが苦しいのですがどうしたらいいでしょうか？…… 89
問27 ステークホルダーからひどい対応をされました。どうしたらいいでしょうか？…… 92
問28 認知バイアスにより経営判断を間違えないためにはどうしたらいいでしょうか？…… 95
問29 マーケティングにおいて大切なことは何ですか？…… 98
問30 ブランド論と密教哲学はどのように関係しますか？…… 101
問31 自社製品の品質についてどう考えたらいいですか？…… 102
問32 イノベーションや新商品の開発研究に当たり、大切なことは何ですか？…… 104
問33 M&Aにおいて、密教哲学をどのように活かしたらいいでしょうか？…… 106
問34 SDGsやESG投資と密教哲学は関係がありますか？…… 108

第3章◉経営者の判断を惑わす三毒とその処方箋

問35 働いていると、いろんなことで怒りが湧いてきます。どうしたらいいですか？…… 112
問36 貪瞋痴はどこから生じているのでしょうか？…… 115
問37 心に生じた貪瞋痴を断ち切るにはどうしたらいいでしょうか？…… 118
問38 線香の徳とは？…… 120

問39　リーダーに役立つ密教哲学をさらに詳しく教えてください。……121
問40　経営者自身や社員が落ち込んでいるときどうしたらいいですか？……124
問41　経営者の驕り、生活の乱れ、異性問題は、どう考えたらいいでしょうか？……126
問42　女性リーダーが陥りやすい自虐症候群（インポスター）への対処方法は？……128
問43　企業の不正の抑止のために、密教哲学を利用できますか？……130

第4章◉経営のピンチを救う密教哲学のさらなる教え

問44　企業設立時、密教哲学をどう利用したらいいですか？　定款作成上の留意点は？……134
問45　共感経営とは？……135
問46　人財マネジメントはどうしたらいいでしょうか？……137
問47　経営者である親の跡を継ぎましたが自信がありません。……139
問48　経営者・企業人として頭が良くなりたいのですが？……140
問49　経営がうまくいかないとき、密教哲学はどのように役立ちますか？……142
問50　他社製品が大ヒットしたり、同僚が先に昇進しましたが、祝う気になれません。……144
問51　経営者が暴走しないために必要なリーダーシップとは？……146
問52　経営者として自社を幸せにする方策を教えてください。……149
問53　組織改革に密教哲学をどのように活かしていけるでしょうか？……151
問54　やる気のない部下をどう指導したらいいですか？……152

問55　勉強が苦手で、物覚えも要領も悪い社員がいるのですが？……155
問56　社員に対する指導に当たり、密教哲学をどのように活かせばいいですか？……157
問57　社員が不仲ではないか、悩みを抱えていないかと心配です。……159
問58　ドラッカー氏が主張した経営戦略の内容は、密教哲学に沿ったものでしょうか？……161
問59　ポーター氏が主張した経営戦略と密教哲学にどんな関係がありますか？……163
問60　心理的安全性についてどう考えればいいでしょうか？……164
問61　企業の資金繰りのために、密教哲学をどう活かしたらいいでしょうか？……166
問62　教育機関運営上のポイントは何ですか？……168

第5章◉空海が残した教えは経営にどう役立つか

問63　そもそも仏教とは何ですか？……172
問64　密教は、インチキな呪術では？……175
問65　密教と他の仏教を比較して、どれが企業経営に役立つのですか？……178
問66　他の宗派や他の宗教の信者、無宗教であっても、本書を利用できますか？……182
問67　武士道があるのでそれを基に企業経営を行えばよく、密教哲学は不要では？……183
問68　近江商人の「三方よし」があるので、密教哲学は不要では？……185
問69　葬式仏教だから、企業経営に役立たないのでは？……186
問70　密教哲学の中で、企業経営に一番役立つ内容は何ですか？……188

問71　五大願や遺誡とは何ですか？……189
問72　六大の理論は経営者にとって役立ちますか？……192
問73　即身成仏であればお寺に参拝する必要はないのでは？……193
問74　密厳国土とは何ですか？　なぜ、それが企業経営に役に立つのですか？……195
問75　十住心論は、企業経営にどのように役立ちますか？……196
問76　自利利他の心（菩提心）とは何ですか？　企業経営に役立ちますか？……198
問77　曼荼羅は企業経営にどのように役立ちますか？……201
問78　胎蔵曼荼羅についてもっと詳しく教えてください。……204
問79　曼荼羅を自社で作成したいのですが？……205
問80　般若心経は、企業経営にどのように役立ちますか？……209
問81　写経は、企業経営に役立ちますか？……211
問82　大日経は、企業経営にどのように役立ちますか？……212
問83　金剛頂経は、企業経営にどのように役立ちますか？……214

終章◉自利利他の経営を実現する「瞑想」の実践方法

問84　三密加持は企業経営にどのように役立ちますか？……218
問85　印契（身密）は何に役立つのですか？……220
問86　真言・陀羅尼・呪（口密）は何に役立つのですか？……221

問87　読経や真言の音響は人体にどんな影響を与えますか？……225
問88　瞑想は脳に効くのでしょうか？……227
問89　瞑想による脳機能への影響について詳しく教えてください。……229
問90　苦しい記憶から逃れるにはどうしたらいいでしょうか？……231
問91　うつ病・認知症について密教哲学ではどう対応しますか？……233
問92　意密（月輪観）は、経営者・企業人にとってどのような効果がありますか？……235
問93　阿字観はどのような効果がありますか？……238
問94　五字厳身観はどのような効果がありますか？……240
問95　五相成身観はどのような効果がありますか？……242

おわりに……244

【付録】関連年表……248

序章◉
自利利他の経営は密教哲学で学べ

成功のために必要なインサイドストーリー

『論語と算盤』（1916年出版）の著者・渋沢栄一氏が創設した一橋大学院でMBA（Master of Business Administration：経営学修士）を取得し、経営哲学の講義に感銘を受けましたが、2500年前の中国の古典を題材に現代の日本の企業哲学の指針とすることを超越したいという思いから、日本で打ち立てられて**1200年の歴史がある密教哲学**を基に、『密教と算盤』を著しました。

MBAで扱う経営戦略・マーケティングは、自社や経営者・企業人のアウトサイドを対象として、フレームワーク（framework：枠組み・構造）を駆使しながら、他社との差別化を図るものです。経営や事業を成功させるには、それとともに、自社や経営者・企業人のインサイドを検討し、企業哲学を打ち立て、インサイドストーリーによって、顧客などのステークホルダー（stakeholder：利害関係者）の共感を得るという共感経営を行うことが必要です。

そこで、**本書の目的は、密教哲学を核として企業哲学を構築**し、経営・事業を行うことにあります。経営の「経」は縦糸を意味し（お経は心の縦糸です）、「営」は、たいまつで明々と燃えた陣を意味し、現代ではライトに照らされたオフィスのことです。

本書では、経営において企業に通すべきなのは密教哲学に基づく企業哲学という縦糸であるとの考えから、密教哲学のエッセンス（特に5つの智慧と瞑想）とその活用方策を記載しており、脳科学を経営に活かす方策にも触れています。

経営者や企業人の煩悩への処方箋

仏教というと、欲が煩悩であり、それを滅するように指導する教えと思われているでしょう。多くの宗派は煩悩を滅失させようとする止滅型ですが、密教哲学は**煩悩を滅失しようとはせず、むしろ、大胆に肯定**して、それを大欲・利他の心に押し上げようとする促進型です。

密教の第三祖・龍樹《ナーガルジュナ》（龍猛）は、二世紀ころ煩悩の赴くまま仲間とともに宮廷中の多くの女性に対する罪を犯したため、王から処罰を受けて追放され、それを契機として、密教哲学の検討を進めて、**「空《くう》」の理論を打ち立てました**。一番欲望にまみれていた人物が、画期的な哲学を構築して後世の役に立ったという形で大欲を実現してみせてくれています。

密教の代表的経典である理趣経《りしゅきょう》では、男女の情欲・愛欲が肯定され、密教の仏像には、男女の抱擁・和合を表したものが存在しています。

私たちにとって不可欠な欲望を、煩悩として切り捨てようとするのではなく、むしろ、肯定して、それを大欲へ、自利利他《じりりた》の心へ育てようという、密教哲学こそが、企業を貫く縦糸である企業哲学を構築する際の基盤としてふさわしいと考えています。この点は、密教哲学で重視する大日経《だいにちきょう》で、「方便を究竟《くきょう》となす」（大日如来が産んだ子が成長し事業を実践するという意）と説かれ、事業の実践を積極的に肯定したことからも明らかです。

自利利他の心による企業哲学の必要性

「心」という文字は交わりがなくバラバラで、うつろいやすい心の実体をよく表していますが、その中心に一画を加えると、「必」になります。

密教哲学の「必」、即ち中核は、瞑想による慈悲（自利利他という慈しみ。人の喜びを自分の喜びとすることとの自覚）と5つの智慧です。慈悲は、仏の絶対的なやさしさ・慈愛です。瞑想により、私たちが仏と同じであることを自覚し、自利利他の心をもつことができるのです。5つの智慧を修得すれば、対象を正しく見極めることができ、どんな経営課題にも対応できます。

仏としての経営とは、密教哲学に基づく自利利他の心で打ち立てた企業哲学を基に、5つの智慧を用いてあらゆることの本性を見抜き、経営戦略・マーケティングのためのストーリーを作り、それを顧客に訴え、共感を得て市場を創る「**共感経営**」のことです。

人も企業も、大宇宙において大日如来が産み出したものであり、それぞれが仏ですので、自らと相手の本質（仏性）を互いに輝かせて生きようとする自利利他の心が、企業内では、従業員の共感にあふれた組織を作り、さらに、皆が互いを拝み合う社会へとつながり、真の福祉が実現します。

瞑想によるイノベーション

密教哲学が重視する真言《しんごん》を唱える瞑想の効果として、例えば、血圧や心拍数が下がるという生理学的効果に加え、記憶力が良くなることが分かっています。

経営者・企業人が、密教哲学を修得して瞑想を行えば、**本来考える必要がない戯論《けろん》から解放**されて心のゆとりが生まれ、物事の本質を正しく認識でき、発する言葉が清浄になり、**アイディアが出て創造力が高まります**。大宇宙のすべてのものとのつながりが理解でき、孤独感から解放されます。

グローバル企業や世界的に著名な経営者は、密教哲学の部分（何のために瞑想をするのか）を取り除いて、瞑想手法の一部を取り出したマインドフルネスを活用していますが、密教哲学を修得して何のために瞑想をするのかをよく理解したうえで瞑想を実践することにより、一層、瞑想の効果が上がり、経営や生き方に役立ちます。

第1章◉

まずは「密教と算盤」のエッセンスを知っておこう

問1　本書を読めば企業経営や仕事はどう変わりますか？

答　密教哲学を拠《よ》り所として、経営の本質を把握し、的確な企業哲学を打ち立てることができれば企業は変わります。儲けるの「儲」を分解すると、「信」＋「者」、つまり信者です。顧客として期待される方々を**いかに自分の企業の信者（ファン）にするかが肝要**です。そのために、密教哲学に基づいて企業哲学を構築し、それに基づいて仏として経営するのです。

明治の渋沢栄一氏、昭和から平成・令和の著名な経営者など、的確な企業哲学を打ち立てたリーダーが引っ張る企業が成功した例は多数あります。渋沢氏は「論語と算盤」において儒教・論語をベースとした企業哲学を推奨され、一橋大学（院）を創設されました。昭和から平成・令和の経営者の中には、真言宗の阿闍梨《あじゃり》を社屋に招聘《しょうへい》したり、自ら禅宗の僧侶となるなど、儒教・論語・真言宗（密教）・禅宗をベースとした企業哲学の構築には定評のあるところです。

本書は、その中でも、密教哲学を基にして、それを経営に活かすための一冊です。平安時代初期、空海の時代には法人・企業が存在しなかったため、空海の打ち立てた密教哲学は、国家と個人を対象とする哲学でした。しかし、**空海が現代に生きていれば、個人だけでなく、法人・企業も指導するはず**です。この本を通じ、読者とともに空海の密教哲学を学び・研究する中で、読者には、素晴らしい企業哲学を打ち立てていただきたいと希望しています。

マーケティングは、ＢtoＢ、ＢtoＣ、対面売買、ネット販売、サブスクなど、どのようなものであっても、結局、人が人に対して、人同士のつながりにおいて行っていることですので、「人」の本質をしっかり見つめて把握したうえで、自利を追求しながら利他の実現を図ることが自社のファンを増やす最善のアプローチです。ただ、他のものを見る場合には、肉眼のほか顕微鏡などの機材が使えますが、**「人」を見る場合には、こちらの心、即ち心眼（5つの智慧）**で見るしかありません。

これは、すでに与えられている問題をいかにうまく速く解決し、他社との差別化を図るかというMBAの発想とは異なります。MBAは、経営戦略のフレームワークを基に、変化する時代や産業構造、他社との関係などから、いかに自社が他と差別化を図るかという思考方法です。

MBAとともに重要なのは、自分や自社が何者なのか、何のために存在するのかを洞察し、いかに**自利を図りながら利他とつなげて社会貢献**していくのか（小欲を大欲に育てていくのか）を問い続けるための企業哲学であり、その哲学のもとで課題を発見して解決していく経営戦略・マーケティングを行うことで経営が維持発展できます。そして、自社組織内で企業哲学を浸透させることにより、社員の共感を得る経営ができ、それに共鳴した新人が入社することにつながります。

具体的な方法は、密教哲学による5つの智慧の活用と、瞑想によって脳を変え心を安定させて集中することです。5つの智慧を培うことで、物事をありのままに見て洞察できるようになり、経営力や生きていく力が向上します。瞑想により、脳を変え、心を安定させて集中すること（入《にゅう》我《が》我《が》入感《にゅうかん》）により、自己の中にもともと存在している本性（仏性）を自覚して活用できるようになります。この本性（仏性）は、愛に満ち溢れた賢くて純粋な意識・善良さであって自己の成長と社会貢献のための源であり、いつでも舞い戻って自利多利の心を確認する拠り所です。

密教哲学に基づく経営、即ち**仏としての経営は、私たちが元来有している仏性に基づいて生き、経営すること**であり、他者・他社からコントロールされるものではありません。しかし、進化の過程で脳が獲得したミラーニューロン（mirror neuron：他者の動作を見たとき、自分もその動作をしているかのように反応する神経細胞）に任せておくと、他者・他社がこちらに親切にしてくれたから相手に親切にしたり、嫌がらせを受けたからこちらも仕返ししてしまいます。これでは、相手に自分の行動を決めさせることになり、私たち自身の仏性に基づく生活や経営とはいえません。相手の態度に関わらない自分自身の密教哲学に基づいて生き、経営するというのは、進化の過程で脳が取得したミラーニューロンを、密教哲学に基づいて脳の働き（意思の力）でコントロールする（前頭前野皮質で密教哲学の価値を重視。大脳辺縁系で密教哲学によって行動し、勇気・寛大さ・許しという感情を司る）ことにより自利利他の心で生きていく・経営していくのです。

問２　今の科学技術の時代における経営には、宗教に関わる本が必要ですか？

答　現代の西洋医療・脳科学では依然として判明していないことが多々あります。なぜ、病気になるのかは分からず（分からないから、ストレスが原因などというしかありません）、あの患者はその病気にかかるのに、別の人はかからない理由も説明できません。病気になった後で、病気であることと、ある薬の成分がある病気に効くことは過去の膨大な研究における科学的な実験結果として分かっていますが、なぜ効くのかは分かりません。例えば、認知症についても、あるタンパク質（アミロイドベータやタウと呼ばれる）が脳内の特定の部位に蓄積されていて、その部位に応じてアルツハイマー型などの４タイプの認知症が発症することが判明し、進行を食い止める薬の研究が進んできたものの、認知症を克服したとはいえません。

つまり、私たちの脳において、その知性・理性を基に、過去の先行研究を踏まえ、しっかり検討・分析していくことが重要なのは当然ですが、**人知の及ばないところもかなりある**のです。密教哲学をしっかり理解して瞑想を行うことで、人知の及ぶところだけでなく及ばないところへどのように対処していくべきかが分かります。

次に、本書は、密教の布教や葬式を目的とした本ではなく、生きている経営者・企業人や企業に寄り添うことを目的としています。

企業人の会合では宗教の話が禁じられており、ほぼ唯一の例外が、一橋大学（院）を創設した渋沢栄一氏の「論語と算盤」であり、ビジネスの在り方を話す際に、論語・儒教について語ることは許されています。「論語と算盤」以外の宗教の話がタブーとされるのは、宗教家の目的が布教にあり（鑑真やザビエルらの来日目的、我が国の宗教系学校の存在意義からもこの点は明らかです）、相手を信者にしようとするためです。信者になりたくない人や企業にとっては宗教家から特定の宗教の話をされたくありません。すでに、他の宗教の信者であれば別の宗教を許容できず、企業人の会合がうまくいきません。しかも、仏教の場合、葬式のときしか出番がないと一般的に思われているので、企業人の会合で葬式を連想させるような仏教の話はしないでもらいたいというのも当然です。

本書は、布教を目的としていません。本書は、企業、経営者、企業人に寄り添い、密教哲学を基に企業哲学を構築することを提案しており、そのうえで経営戦略を立て、組織を運営し、人財マネジメントを行うことをすすめています。これまで「論語と算盤」が、我が国の企業経営において重視されてきましたが、その**論語・儒教の代わりに、密教哲学を礎としてはどうかと提案している本**なのです。こちらが絶対に正しくて読者はこれを信じるべきであるというような硬直した姿勢ではありません。むしろ、皆さまとの関わりを通じて、私自身が、これまでと同様に、これからも変わっていく柔軟性をもつことを常に心がけています。

なお、令和2年秋から、早稲田大学院内に「経営と脳科学の研究部会」を置いていただいて協議会を続けています。その成果・文献・資料が膨大になり、関心を寄せていただく人々が多数となってきたことから、千代田区麹町に常設の「麹町塾」を設け、脳科学・心理学・和文化を経営に活かすための研究、より良い企業哲学を構築するための検討を進めていますので、その内容についても、本書に一部取り入れています。

問３　著者は誰ですか、この本を書いた動機は？

答　私は企業の社外役員や弁護士・弁理士・税理士として、また自らの会社でも企業経営に関わる中で、企業哲学の重要性を再認識しました。経営戦略を立て、組織の在り方を決める際、常に企業哲学に基づいて検討する必要があり、的確な企業哲学を定めなければなりません。企業哲学はリーダーである経営者と組織を変え、ステークホルダー全体に影響します。しかし、実情としては、**何のために企業を経営しているのか、企業哲学がはっきりしない経営者が多い**のではないでしょうか。

そこで私は、我が国に深く根付いている仏教哲学を企業哲学の構築に役立てるための研究を始めました。しかし、２５００年前の釈尊《しゃくそん》の原始仏教は出家主義や戒律の厳しさから現代の経営の指針にはなりません。釈尊の５００年後に成立した大乗仏教は、煩悩の止滅を目的とするため、これも現代の経営には不向きです。

密教は、小欲を大欲へ育てる促進型の哲学ですので、現代の企業で企業哲学を構築する際の核とするのに最適であり、真言密教を修得して僧籍阿闍梨を取得し、真言密教智山派と豊山派の系統にある大正大学仏教学部とのご縁もいただいております。

その他、医療機関を受診した際、カテーテル検査におけるトラブルから臓器を傷めて入院治療を受けたこともありました。自ら、密教哲学に基づく瞑想を実践するとともにその後の適切な治療のおかげで体調も回復し、一橋大学院（千代田キャンパス・ホスピタリティマネジメント）で経営学をご指導いただき、「不正発覚後に企業が破綻する要因」をテーマに修士論文を作成してMBAを取得しました。

一橋大学（院）は、渋沢栄一氏が創設し、一橋MBAでは、「論語と算盤」を含め、渋沢氏がかつて一橋大学（院）で指導した内容を受け継いでいます。我が国に来日している優秀な中国人の留学生や経営者・企業人と懇談すると、儒教や論語は、歴史の授業で少し触れた程度で重視されず、なぜ、日本人が論語を企業経営の指針としているのか不思議で仕方がないとのことです。即ち、二千数百年前の中国における孔子の言行録である論語を、中国ではなく日本の企業が経営の指針にしているというきわめておかしな状況が生じているのです。日本ではもちろんグローバルな場面でも、なぜ中国人が重視していないものを日本企業が大事にするのか説明がつきません。それよりも、我が国において1200年前に打ち立てられ、国家統治・観光開発・都市整備・修築工事・和文化のさまざまな場面で指針となり、その後も我が国で受け継がれ、我が国の著名な経営者も企業哲学を構築する際に根幹とした密教哲学のほうが、我が国の企業経営の中核とするのにふさわしいという思いから、本書を著しました。

この本は、**企業経営者、これから企業経営を志す人、企業内ベンチャーを検討している人を主な対象**とし、これまで密教哲学を企業経営に役立てようとする文献がほとんどないように思われたため、本書を出版しています。

本書は一般の社会人や学生にとっても有益です。密教哲学に基づいて、物事を判断する大事な智慧を解説しています。なお、私自身、密教哲学とその実践により、体調が回復した者の一人ですが、そのことは、本書内では、あくまで密教哲学の反射的効果として位置づけており、体調の回復を主目的としてはいません。

問4　空海は、どのような活躍をしたのですか、企業経営に近いことをしていたのですか？

答　空海が活躍した平安初期には企業という制度が存在していませんでした（我が国の株式企業制度は、明治時代に渋沢栄一氏が導入）。

空海は、釈迦の時代から1200年後、唐に渡り、805年に恵果《けいか》師より伝授された密教を基に、京都の東寺、高野山を中心として我が国の密教哲学を打ち立てました。仏教は、それが生まれたインド、伝わった中国や朝鮮では滅びましたが、空海が密教哲学を平安初期の我が国において完成し、その後は、日本独自のものとして受け継いできたのであり、密教哲学は、日本オリジナルのものといえるのです。

空海は、桓武天皇・嵯峨天皇から依頼され、現代風にいえば副総理として、東寺において京都を中心に我が国を治めました。また、空海は、国交大臣として高野山という一大都市を新たに開発したり、満濃池《まんのういけ》を築造、さらには観光庁長官として四国八十八か所の観光ルートを創設しています。加えて、文科大臣として綜芸種智院《しゅげいしゅちいん》という世界初の庶民のための学校を創設しています。そのほか、書、執筆、和歌、絵画にもその才能を発揮しました。これらの活動の中核にあったのが、空海が開祖となった真言宗の密教哲学でした。その後の時代においても、天皇、武士らにおいて、密教哲学は国家統治の哲学として重視されました。密教哲学は、死者を弔う葬式仏教ではなく、国政・国土開発・観光・和文化の中心に存在し、**国家をいかに統治すべきか、人がいかに生きるべきかの指針となる哲学**でした。もし、空海の時代に企業が存在していれば、当然、空海は企業も指導していたはずです。

問5　密教哲学の核心である即身成仏《そくしんじょうぶつ》とは？

答　二千数百年前の釈尊の原始仏教、その数百年後の大乗仏教は、煩悩を滅しようとする止滅型であり、仏になるための瞑想や生き方を説いた哲学であったのですが、釈尊の時代から1200年後に形成された密教哲学では、即身成仏が核心となりました。

即身成仏とは、私たちが生まれながらに、この身このままですでに仏であり、心の中に仏性があるという哲学です（土の中から発見されたミイラではありません）。

私たちの心にある仏性によって、煩悩（小欲）を他者や社会のための大欲へと大きく育てていくことを志向しています。また、仏であるこの身として、仏であることを自覚するための瞑想をするのです。

即身成仏の「即」とは、時間的に直ちにという意味とともに、私たちと仏が融合して一体であるという意味があります。私たちが心の中に仏性という絶対的な価値を有していることを示しているのです。**密教哲学の重要語の中に「即」がよく出てきます。**別々のものがイコールでつながれるというより、**同じものについて別の見方をすることと**捉えると理解が深まる場合があります（他に、色即是空《しきそくぜくう》、空即是色の即についてもこう考えると分かりやすくなります。次の問いでご説明します）。つまり、即身成仏とは、人なのですが、別の見方をすると仏であるということを意味しているのです。

即身成仏の出発点として、密教哲学では、**人体には生まれながらに宇宙の根源と同じものが蔵されていると**考えます（地・水・火・風・空・識の六大の理論といい、後述します）。

六大の理論に基づき、自分の心には、大日如来が創った大宇宙の根源と同じもの、即ち仏性があることを自覚し、仏として生活するのです。このことを空海は、自らの心の庫を開ける（自らの心にある仏性を自覚する）ようにと述べています。

六大の理論によれば、私たちは生れ出たこの身のままで清浄極まりなく、すでに仏です（「即ち身、成れる仏……理具成仏《りぐのじょうぶつ》）。現実世界では、人は生れながらの清浄な状態を保てず、煩悩に苦しむ存在ですので、本来の清浄な状態を維持するため、三密加持《さんみつかじ》（手に印契《いんげい》、口に真言、心は仏の境地での瞑想）によって仏と融合し一体化していることを感じます（身に即して仏に成る……加持成仏）。

空海が中国から日本にもたらした密教は、依然として未完成なものでした。即身成仏の明確な定義を示し、**私たちがすでに仏であって心に仏性があることを自覚する瞑想を確立したのは空海の功績**です。空海著『即身成仏義』において、即身とは、「重々帝網《じゅうじゅうたいもう》」であると書かれています。帝釈天《たいしゃくてん》という仏様の宮殿を飾る輝く網です。この網は、大日如来が産み出して大宇宙全体につながり、網の結び目がすべて宝珠《ほうじゅ》で相互に輝き合って大宇宙全体を照らしていると考えられています。この宝珠は私たちの象徴であり、**私たちが大宇宙のすべてとつながっていることを示しています**（なお、私たちと大宇宙とのつながりを絵画で示したものが胎蔵曼荼羅《たいぞうまんだら》です）。

この哲学に基づけば、私たちは、大宇宙のすべてとつながっていて**（横のつながり）**、**大宇宙の一部であるとともにその中心でもある**のですから、孤立した存在ではなく孤独感にさいなまれる存在ではありません。

また、私たちは、大きな時間の流れの中でのつながり**（縦のつながり）**の中で生きています。大宇宙の発生以来、祖先・先祖が脈々と受け継いできた構成要素（原子・分子・DNA・細胞など）によって、気が遠くなるような時間を経て、私たちが形成されました。この身のままで仏である私たちは、祖先・先祖から受け継いで私たちの中にある素晴らしいもの（仏性）を維持発展させ、次の世代へとつなぐことが託されていると考えられます。

企業も、横のつながりという点で、大宇宙の一部であって大宇宙の中心ですから、自利を追求する際に、すべてのステークホルダーや地球環境（さらには大宇宙全体）との関わりの中での経営を考え、社会貢献（利他）をしなければならない存在なのです。この哲学によれば、企業が社会的責任を果たすこと、ＳＤＧｓ（Sustainable Development Goals：持続可能な開発目標）やＥＳＧ投資（Environmental・環境、Socia・社会、Governance・企業統治、に対する企業の取り組みを重視して投資銘柄を選定すること）を行うのは当然のことであり、経営者は、小欲（自利）を大欲（利他）に育て、自利の「利」と利他の「利」を融合させなければなりません。**自利利他の心による経営が顧客の共感を呼ぶことでマーケティングが成功し、売上**

が増え、**経営を永続的に行える**のです。

　そして、**企業にも縦のつながりがあります。**企業も大日如来が（発起人、株主を通じて）産んだものですから、設立の際、自利とともに社会貢献（利他）の企業哲学を定款などに掲げ、自利と利他のための事業を継続していく中で、企業哲学に共鳴してくれる顧客（ファン）を増やしていくのです。

問6　色即是空・空即是色の「空」とは？

答　色即是空・空即是色における「空」の概念を理解するポイントがあります。まず、「即」をイコールと読むと色＝空となって混乱します。イコールというより**同じ対象について別の見方ができるという意味での「即」**と考えるほうが、色即是空・空即是色を検討する際には分かりやすいですね（先ほどの即身成仏の問いの答えにおいて説明しています）。
　また、色即是空だけを取り出すのではなく**色即是空と空即是色をセットで考えましょう。**実際、般若心経にもこれらがセットで書かれています。色（眼に見える世の中のさまざまな事象や存在）が「空」である（実体がない。この実体がないという意味は後述します）だけを取り出して考えたのでは真の意味は理解できず、色即是空と空即是色を合わせて考える必要があります。

そして、**仏教の歴史的展開の中で「空」概念の意義が変遷**しました。二千数百年前の釈尊は、「空」について、氷と水の関係などを例に、目に見える物（色）であっても、それらを基礎づける要素があるに過ぎず、移り変わって実体がない（空）と説いていました。どんなものでも移り変わるので欲望に執着してはならず、煩悩を滅失させよというのです。

その約500年後の大乗仏教の時代には、釈尊が基礎づける要素であると説いていたものも「空」であると説明されるようになり、一層、「空」の概念が徹底されました。そのため、ますます言葉での説明が難しくなり、感じるしかなくなりました。

2世紀頃、**インドの密教僧・龍樹は、物事の関係性によって「空」を理解することを提唱し、**これを密教哲学では重視しています。

大多数の方は、眼に見えるものなのに、「空」であって実体がないという「空」概念について違和感を抱いたでしょうし、私もそうでした。この「空」をどう理解するのか、実体がないとはどういう意味なのかという問題について、龍樹は、さまざまな事柄との関係性があって始めて実体（「色」）があるといえる。即ち、さまざまなものとの関係性を離れては、実体があるとは認められないという意味で、「空」であって実体がないというように整理したものと、私は理解しています。例えば、私が「なかむら・よしお」は実在するといってみたところで、「なかむら」というありふれた姓は、おそらく明治時代に田舎の貧農に対し突然与えられた苗字と思われ、こうした歴史や社会制度抜きには存在しませんし、「よしお」も親がつけた名前であり、姓・名をつけてくれた人々とのご縁、即ち関係性なくしては存在しません。一橋でMBAを取ったとか、弁護士であるとか、真言宗の阿闍梨という僧籍があるといったところで、大学や社会制度との関係で初めて認められるものであり、それらと離れては存在しません。このように、**社会のさまざまな事象との関係性と切り離しては存在しないことを「空」という概念**で整理したものと考えているのです。

そこで、色即是空とは、目に見える世の中のさまざまな事象・存在（「色」）については、その存在を基礎づける他のものとの関係性なしには成り立たない、即ち、「空」であるということです。また、空即是色とは、関係性なしには成り立たない「空」という本質が、実は目に見えるもの（色）であるという意味であるため、色即是空と空即是色をセットで理解しましょう。関係性を基礎づける要素として説明したものについてもまた本質は「空」であると説くことで「空」概念が徹底され、言葉での説明が困難になり、体験・体感が重視されます。

色即是空・空即是色のイメージを体感するため、高層エレベーターで一階から高層階に上がるとか、飛行機やヘリコプターで飛び立つことを思い浮かべてください。地上から見れば各人はリアルに異なる個性と風貌の人間としてはっきり認識できますが（色）、上にいくほど全体の動きとして、人々の流れとして見えます。この**全体の動きや流れのことが関係性**（空）です。

上空では、人々の動きが全体的に見えて関係性がよく分かり（空）、地上に下ると、個別の人間としての実態がよく見える（色）、そして、いずれも同じ対象を見ている、これが「色即是空・空即是色」のイメージです。

「空」の哲学を悟ることにより、経営者は生老病死の苦しみの本質を正確に認識できます。原始仏教や大乗仏教の**止滅型であれば、**「空」の哲学を修得することで、生老病死の苦しみに囚われなくていいものであると悟ることができます。また、密教哲学のように**促進型であれば、**経営者は、万物との関係性を重視する「空」の本質を理解し、すべてのものとのより良い関係性の構築を目指し、生老病死の苦しみを生む煩悩（小欲）を大欲に育てていくことで苦しみを克服するのです。

ここで「空」の哲学を修得して生老病死の苦しみを克服することについて、「生」に関して説明します。

思考を司る前頭前野皮質では、主観的な経験を瞬間でつなぎ合わせて自己という主体が存在していると認識しています。そこで、自己はあらかじめ確立され、統合された先に存在しているものではなく、**脳による瞬間瞬間の主観的な経験をつなぎ合わせたものに過ぎません。**この点で、自己は「空」であること、即ち自己が存在するという感覚は主観的な経験が合わさったものに過ぎず、自己が存在するという主観的な経験をつなぎ合わせて（主観的経験が組み合わさった関係性の中で）自己を形成しているといえるのです。

どのような自己を形成するのかというのは、瞬間ごとの主観的な経験におけるさまざまな社会的な状況・要因も関係しています。その結果、煩悩・渇望・執着を産み出します。特に、自己が他と隔絶された主体として存在していると誤解して、自己を他者と切り離して考えるようになると、自己は孤立して傷つきやすいと感じ、孤独感に苦しむこととなります。しかし、**自己は大宇宙におけるさまざまな要因との関係性の中で、主観的な経験をつなぎ合わせて産み出されたものである**と理解することにより、生きていく中で自己を他と切り離して考えることが誤りであると分かり、孤立・孤独から解放されます。また、重要なのはこれからの万物との関係性であるため、過去に囚われて思い悩む必要がなく、また、私たちの手にない未来を過剰に心配することの無意味さもよく理解できるのです。

「老」の苦しみについても、老いによる容貌や体力の衰えについて、自らの心がそれに否定的な評価を下しているから苦しいと考えてしまうのではないでしょうか。「空」の哲学を修得し、老化を大宇宙の中での万物との関係性の中で的確に捉えることで、「老」についての否定的な評価をやめませんか。容貌や体力が若い頃と変わったとしても、万物との関係性の中で、自らの個性・能力をさらに開花させ（自利）、経験を活用した社会貢献（多利）ができます。生き生きした高齢者からは魅力が溢れていると思います。

問7　生と死についてはどのように考えていますか？

答　密教哲学の「空」概念では、**すべてが関係性の中で存在すると捉えます。**そこで、関係性の網の中の一人が死亡したとき、確かにその人の物理的な活動は止まりますが、その人が関係性の網の中で生きてきたことはいつまでも残り続け、関係性の網の中の他人や社会にいつまでも影響を与え続けることになります。

例えば、源頼朝は鎌倉時代初期に死亡しましたが、後に徳川家康が武家政権の頭領として手本としたのは源頼朝の生き様でした。また、身近な例でいえば、クラブ活動の仲間が早逝した場合、その学生が活躍したことが、そのクラブに残って、それをクラブの仲間が引き継いでクラブ活動を行っていくのです。

加えて、**人が死ぬことによって、新しい人がその関係性の網の中で活躍できる**ようになるということも大変大事なことです。例えば、平清盛が死亡して源氏の世となり、源頼朝が死亡して北条氏が台頭しました。織田信長が死ななければ、豊臣秀吉が天下を取ることはなく、豊臣秀吉が死ななければ徳川家康が天下を取ることもありませんでした。

人が死ぬことにより、次の新しい人が取って代わって、新たな関係性の網の中で生きていく、こうして人が入れ替わっていくことが、世の中全体の自利利他につながっています。

「病」や「死」への恐怖や苦しみに対しては、「空」の哲学に基づき、万物との関係性の中で、今日この日を生きることの大事さを理解し、現在の医療水準では関係性が解明できていない死に至る病気について過剰に心配することの無意味さを自覚することで克服できるのではないでしょうか。

密教哲学においては、如来との関係性を重視し、如来の真言を唱える瞑想を行います。病気や死への恐怖を感じる場合には、薬師如来の「おん　ころころ　せんだり　まとうぎ　そわか」の真言を瞑想の際に唱えることで、脳から病気や死への恐怖を取り除き、本来の脳の状態に戻して生活できます。

密教では、臨終までの間に人の願いによる功徳の力、如来による加持の力、普《あまね》く及ぼされている法界の力によって、宇宙生命体である命（大日如来）と、それによって生かされている私たちの命が一体であると自覚して死を迎えることができるよう、僧侶も本人も力を尽くします。また、死後の極楽浄土での幸福に関わる阿弥陀如来を、密教においても大事な仏として曼荼羅に掲げています。その真言「おん　あみりた　ていせい　からうん」を唱えることで、阿弥陀如来との一体感を自覚することができます。

問8　苦しみの原因とされる分け隔てにどう対応すべきですか？

答　進化の過程で、祖先は自分と自分ではないもの、家族や血縁者とそれ以外というように分け隔てすることで、自らを大事にして財産を残し、技能を継承し、種を保存してきたと考えられています。そして、脳機能において、自分の身体が世界と異なることを明確にし、自己が世界から分離独立していると認識しています。即ち、他者をインサイドにいる者（例として自分だけであったり家族・友人を含む場合がある）とアウトサイドにいる者（例として気にかけない人や敵）に振り分け、インサイドにいる者を愛して保護し、アウトサイドにいる者を軽視してつらくあたることを正当化するとともに、脅かされている感情への反応として攻撃していると考えられます。

自らを他と切り離された存在と考えることで、孤立した自らの弱さを感じ、心が不安定になってしまうのです。また、分け隔てをした向こう側（例えば自分と家族以外）が安心できない相手となり、それらを恐れることとなります。分け隔てが苦しみの原因とされるのは、こうした考え方によるのでしょう。

私たちの脳と心において、**誰の範囲までをインサイドとするのか、アウトサイドに誰を位置付けるのかを決定し、分け隔てをしていることこそが問題**であり、インサイドに位置付けた者への執着と、アウトサイドに位置付けた者への攻撃により自らの脳と心を傷つけています。

そこで、この後にお話しする５つの智慧に基づき、意識的にその区別をやめたり、アウトサイドに位置付けていた者との共通点を見出したり、アウトサイドに位置付けていた者をインサイドに位置付け直すことができないかをよく検討すべきなのです。密教哲学は、分け隔てしない、何事も除外しないという考え方であり、インサイドとアウトサイドを区別しないことを指向しています。

初期の宇宙では大爆発によってエネルギーが放出され、太陽系や地球が作られていく中で十分な原子が産まれ、祖先の身体が形成されました。宇宙の星くずが人体を作ったのです。人体と大宇宙との境には分け隔てをする壁はありません。人は太陽光、空気、水、食べ物を大宇宙から取り入れ、体内では新陳代謝により多くの原子が入れ替わっています。人は言葉や文化を取り入れ、他者と影響し合って心を形作っており、心にはもともと境界線はありません。

そこで、**私たちの心で創ったインサイドの輪を、全宇宙にまで広げてみては**どうでしょうか。「空」の哲学では、大宇宙における万物の関係性が重視されており、各自の幸福のためには、関係し、依存し合ったお互いを信頼し、認め合わなければなりませんから、この大宇宙をインサイドとアウトサイドに分け隔てするのは無意味であり、有害なのです。そうであれば、これまで自分が他から孤立した存在と考えて孤独感を味わっていたのは間違いであると分かり、アウトサイドにいると見なしていた相手が実はインサイドにいたと捉えることができるのです。こうして視点を拡げると分け隔ても雲散霧消してしまうと思いませんか。

第2章◉
経営の成功に最重要な「5つの智慧」とは何か

問9　経営者・企業人にとって必要な5つの智慧とは何ですか？（金剛界曼荼羅《こんごうかいまんだら》）

答　密教哲学に基づく5つの智慧は、金剛頂経《こんごうちょうぎょう》・金剛界曼荼羅で示されており、五鈷杵《ごこしょ》という法具がそれを象徴しています。**空海は常に五鈷杵を手にもっていたと言われており**、空海の像でも五鈷杵をもっていますし、また、後醍醐天皇の肖像画でも、後醍醐天皇が五鈷杵をもっていることが描かれています。このように5つの智慧は、大変重視されてきました。

　企業をうまく経営していくには、ビジネスを成功させる方向と、企業内の不正や詐欺などの被害の防止、雇用の問題を生じさせないなどマイナスを防ぐ方向での両方の智慧が必要ですが、これから紹介する5つの智慧は、いずれにおいても活用できます。

五鈷杵

　金剛界曼荼羅は、9種類の曼荼羅の集合体であり、そのうち、最も重要なのは、中央の五智如来《ごちにょらい》であり、**経営者・企業人にとって重要な5つの智慧**を表しています。

　この5つの智慧は、密教哲学において、もともとは大日如来の有する智慧を分けて各如来（五智如来）に配置したものであり、以下のとおりです。

①鏡のようにあらゆる姿を照らし出す智慧（大円鏡智）：
鏡の智慧

②自他の平等を体現する智慧（平等性智）：平等の智慧
③あらゆるものの個別のあり方を沈思熟慮する智慧（妙観察智）：個別の智慧
④なすべきことをなしとげる智慧（成所作智）：実行の智慧
⑤全体を統合した、究極の智慧（法界体性智）：統合の智慧

空海

密教哲学では、**私たちは生まれながらに仏**であって（即身成仏）、仏と同様に５つの智慧をもっています。大乗仏教では原始仏教と異なって在家でも悟ることができるとされましたが、気が遠くなるほど長い期間の利他行を求めており、そうでなければ仏になることができないのです。ところが、密教は即身成仏であり、すでに私たちは仏ですので、そうであるからこそ、５つの智慧を活用して自利利他を推進することが、大乗仏教の求める気の遠くなるような利他行の代わりとして求められているものと考えています。そのことを

後醍醐天皇

自覚して、自社、他社、ステークホルダー、業界、トレンド、市場、商品・製品・サービスなど、さまざまな対象に対して、5つの智慧をフル活用して観察、分析して経営する必要があります（なお、観察の「観」は心の眼で見ること、即ち、5つの智慧を使ってよく調べ、よく考えることを意味します）。

金剛界曼荼羅の金剛はダイヤモンドであり、仏の智慧（哲学）の永遠性の象徴であって、界は基盤であるため、金剛界は、仏の永遠の哲学（智慧）の基盤という意味です。金剛界曼荼羅の大日如来は、**すべての事物の本性を見抜く智慧**（物事の相違を正しく判別すること）の象徴です。

密教哲学では、5つの智慧で大日如来のすべての智慧が網羅され、5つの智慧の活用により間違いのない的確な解決ができると考えられています。それらの智慧が5つの人格化された如来に割り当てられており、各智慧の中身はこの後の問いの中で説明します。

【もっと密教哲学を知りたい読者のために①】

金剛界曼荼羅（208ページ参照）の見方をご紹介します。

9マスの右側の列の下から出発して「の」字を逆に書いて中央に進むことを上転門（従因向果）と呼びます。順に、

自分の心の中にひそむ貪り・瞋り・痴を克服
⬇他者の心の中にひそむ貪り・瞋り・痴を鎮圧
⬇官能のような煩悩にも真理を見抜く智慧を獲得
⬇仏との一体性を体得し即身成仏を認識
⬇曼陀羅の意味を理解
⬇五智如来に感謝し報恩
⬇どんなところにも行き届く仏の微細な智慧を獲得
⬇人々を正しい教えに導く誓いを立てる
⬇悟り

となります。逆に、**9マスの中央から「の」の字を書くようにして右側の下のマスに進むこ**

とを下転門（従果向因）といいます。

問10　鏡の智慧とは何ですか？

答　大円鏡智と呼ばれ、阿閦《あしゅく》如来に割り当てられた智慧です（背表紙の緑色。如来の毛髪の色とされ、穏やかな心で力強く生きることを象徴）。**まるで鏡に映し出して見るように、すべての対象を正しく観察する働きをもつ智慧**です。多様な価値観を、ありのまま正しく見つめることを目的としており、先入観に囚われず、こだわりなく、あらゆる者の本性を見極め人々の無智を退治して菩提心を生成させます。

特に、阿閦如来は、真実を述べ、いつわりを口にしないという特性が重視されています。ここで退治の対象となる無智としては怒り（瞋《いか》り）があります。阿閦は怒りを克服した者の意味です。怒った状態では相手・対象を正しく認識することができないため、怒りを収めなければならないのです。

無智の例として、経営学や心理学における主要課題である認知バイアス（95ページ参照）を挙げることができます。認知バイアスとは、例えば経営者・企業人が、常識として考えていることが実は誤っていたり、間違ったレッテルを貼っていることとです。脳は、エネルギー消費をできるだけ避けようとして効率性を重視し、脳に入ってくるいろんな情報などについてあらかじめ見方や対応を決めておくことで脳機能の効率的な利用に努めていますので、効率化における誤り（認知バイアス）があり得るのです。

そこで、経営者・企業人においては、**認知バイアスを排除して、対象を正しく認識・理解することがきわめて重要であり、そこに鏡の智慧が役立ちます。**

そして、大円鏡智を裏付ける脳の働きの例として、前頭葉にはミラーニューロンがあり、他者の行為に対して鏡のように反応して、まねたり、理解したり、共感する役割を果たしていることが挙げられると考えています。

鏡の智慧の具体的な使い方をお話しします。

まず正確に自己・自社を見つめることが挙げられます。これにより自己の感情をコントロールし、客観的な自己の位置と自己評価を行い、批判・不遇・不運に耐えることができます。的確に対象（商品・社内・顧客・他社・物事・市場）を捉え、真相を観察します。このときには、偏見・バイアスを心から取り除き、裏付けとなる資料やデータに基づいて対象を分析します。その対象が本質的で必要なのか・手放せるかを考え、表と裏・光と影・外も中も検討します。

先行研究・事例を分析し、自己・自社・対象を、歴史・時代・時間の流れの中に置いてみて、課題をよく検討するのです。

経営者・企業人が鏡で自分をよく見るようにして分析してみることも重要です。即身成仏や六大の理論として説明していますが、私たちは、仏と同じ構成要素からできており、大宇宙の創設以来、膨大な時間の経過の中で、祖先・先祖から受け継いできた素晴らしいものを体内にたくさん保有していますので、それらが私たちの中にあることを改めて鏡の智慧を使ってよく確認してほしいのです。**大事なものはすでに私たちの中にあります。**たまには墓参りをするようにすすめられるのも、私たちが祖先・先祖から受け継いでいて、すでに私たちの心の中にある素晴らしいものを、鏡の智慧で改めて自覚する機会を設けられるようにという趣旨です。

鏡の智慧で対象を映し出す際には、本質と戯論《けろん》（無益で無意味な言論）を区分し、本質に着目します。観察の対象とする自らや相手について、哲学、生き方、経営・働き方そのものの中に本質があり、それと関係ないものが戯論なのです。例えば、**相手が上場企業だから、ランキング何位だから素晴らしいというのは戯論の最たるもの**であり、そうした戯論を除いて本質（企業哲学、生き方・働き方そのもの）に着目しなければなりません。

鏡の智慧による観察の際の評価軸が自利利他です。自分・自社、相手・対象が、自利を的確に追求しているかどうかを見ます。この際には、MBAでの企業哲学や経営戦略の考え方が参考になります。例えば、企業であれば、その事業にふさわしい企業哲学がしっかり定められ、経営戦略・ビジネスモデルが顧客に受け入れられているかどうかという点を見ていきます。そして、**最も重要なのが、その自利が利他につながっているかどうか**という点です。相手の営んでいる事業が、その自利を追求しながらも、それが利他につながっていることを観察するのです。

智慧の鏡を使うことにより、大日如来が発する智慧の光、真実の光、理解の光を反射させるというイメージのもとで、これまで光が当たっていなかった場所を照らして真実を浮き彫りにしたり、心の暗い落ち込んだ部分を明るく照らして勇気づけたり、これまで輝いてなかった人や物事を光り輝かせることを目指すべきです。

なお、**この鏡の智慧によって、状況を正確に把握し、評価することが肯定的で健全な感情を培う**ことにつながるにもかかわらず、脳は何らかの脅威が存在するのではないかと絶えず心の中や外を見張り、何かあればストレス反応システムを作動させ、通常はありそうもないことに対し、扁桃体と海馬が過剰に反応してしまいます。原始仏教以来、苦しみの根本原因は無知であるとされたのはこの過剰反応を意味しています。そこで、前頭葉を中心に存在すると想定される鏡の智慧を使って、対象を歪曲せず、一部だけ切り取るのでもなく、鏡で映し出すように鮮明に見て、物事の真相を把握するのです。例えば、恐れていることが本当に起きるのか、どの程度ひどいことなのかなどを、鏡の智慧で現実的に評価することにより、恐れが誇張されていれば、そのことが分かるのです。

心に恐れが生じた場合、単なる心の一時的な状態に過ぎないのですから、まずはそういうものであることを認識し、恐れが自己に警戒させようとしていることが何であるのかを冷静に認識したり、自己の身体にどのような感覚を産み出しているのかを観察することで、恐れるに値しないときには、そのことを自覚でき、恐怖心がなくなっていきます。もし、本当に心配事があるなら、5つの智慧に基づいて真摯に取り組んで解決対応すればよいのです。

問11　平等の智慧とは何ですか？

答　平等性智という宝生《ほうしょう》如来に割り当てられた智慧です（背表紙の黄色。如来の体の色であり、確固とした揺るぎない性質を象徴）。**千差万別なものの奥底にある平等性や共通性を知る智慧**のことです（憲法の定める「法の下の平等」はこの智慧が具体化したものと考えています）。

宝生如来は、誰でも分け隔てせず、宝の雨を降らせるようにその願いをかなえてくれます。宝を無限に産み出し、惜しみなく与え、あらゆるものにそれぞれの価値を認め、その特性を引き出す性格を有しています。

平等の智慧の具体的な使い方をお話しします。

自己と相手方・対象との共通点や、縁・つながりに着目します。例えば、自分と他の社員らが共に有している素晴らしさ（仏性）を見つめ、相互に平等な仏であることを自覚し、リスペクトし合うのです。また、業界全体・市場全体を一体として考えてみます。その際には市場で求められている業界水準に照らしてどうかという判断も出てきます。

スコープの抽象化のレベルを上げていき、個人間・企業間・地域レベル・国レベル・地球規模・大宇宙と考える範囲を広げます。高層ビルの上層階や飛行機から下界を見るというイメージで、物事を俯瞰して全体を見つめてみます。

そして物事を分け隔てをなくして考えてみます。例えば、自分（自社）と他人（他社）、相対と絶対、具体と抽象、部分と全体、主観と客観、既知と未知、言葉と行動などにおいて、それらを対立させることなく（平等であると見て）、共通点を考えてみるという智慧です。もちろん、この智慧を働かせると、水準に反しているかどうかという意味での相違点も見えてきます。

平等の智慧により、**すべてのものを公平に正しく見ることができる**ので、偏見や間違った感情にわずらわされることがなくなります。

平等の智慧のおかげで、小欲のまま感情的に巻き込まれて次々と煩悩を産み出すという、苦しみの連鎖を断ち切ることができます。小欲を大欲に育てようとする**促進型の哲学においては、**平等の智慧によって楽や苦の原因を考察したことによる検討結果が、**煩悩・小欲を大欲へとレベルアップしていくための基盤となります。**物事について全体の中での位置付け（レベル感）

をよく分かったうえで、平等性や共通点を尊重し、無感覚や無関心ではなく、温かい気持ちで物事に接することにより、偏見や間違いにまどわされず、自利利他につなげていこうという智慧なのです。

煩悩への対処の在り方における止滅型であれば、この智慧により、経験・報酬が一過性のものであることを正しく見極めることができ、楽も苦も執着するほどの価値はないと見抜けるようになって惑わされなくなります。

問12　個別の智慧とは何ですか？

答　妙観察智という阿弥陀如来の智慧です（背表紙の赤色。如来の血液の色であり、慈悲の心による救済を象徴）。

平等に見えるもの、共通に見えるものの中にある差異を正しく観察する智慧であり、**全体の中の部分を正しく観察する智慧**です（経営学における「差別化」のためのフレームワークはこの智慧が具体化したものと考えています）。

阿弥陀如来は、極楽浄土を受けもち、愛情をもって衆生の救済に務めており、個別の悩みや憂いをよく観察して根絶します。

個別の智慧の具体的な使い方を説明します。

自らと対象のように異なる２つ以上のものや具体的な事案に基づいて、同様に見えるものの中に個別の特徴を発見することを志向します。その際、相違点に留意します。

相手方・対象の一部（一隅）を検討対象とします。まるで高層エレベーターから地上に降りてきて対象に接近してよく見る、また、顕微鏡で詳しく見るというイメージです。

自分（自社）と他人（他社）、相対と絶対、具体と抽象、部分と全体、主観と客観、既知と未知、言葉と行動という座標軸を設定し、対象の一部分を取り出して深くじっくり検討するという智慧です。

例えば企業の場合、現場レベルで検討し、自社・他社・商品などの個性・能力、強みや弱みを探り、差別化ポイントを見つけ出します。そこで、各ステークホルダーに対してその差別化ポイントを提示し、自社の存在意義を訴えることができるようになります。

個別の智慧を活用することで、個人や企業に存在する問題点を発見することができ、それらを解決できるようになります。

なお、幕末の松下村塾において、吉田松陰は、塾生それぞれの素晴らしい点を見つめて褒めて伸ばし、優秀な人材を輩出していますが、これも個別の智慧の典型例であり、現代の経営における人財マネジメントの手法として学ぶべきところが多いといえます。

問13　実行の智慧とは何ですか？

答　成所作智《じょうしょさち》という不空成就《ふくうじょうじゅ》如来に割り当てられた智慧です（背表紙の紫色。如来の袈裟の色であり、何事にも耐えていくことの象徴）。これは、**物事を生成する智慧、人間の身体と経験を媒介して働く実践的な智慧**です。

不空成就如来は、釈迦如来のことであり、実際の救済活動を行います。一切の願い事を必ず満たす如来であり、怖れるものはなく、何も心配しなくていいと勇気をもたせる行動力が特徴です。この実践は、仏として、自利利他の心（菩提心）で行うものです。

せっかく密教哲学を知ってもそれを実践しなければ意味がありません。「知目行足《ちもくぎょうそく》」といい、目で本を読んで知識を得たらそれを実行に移すことの重要さが指摘されてきました。この「行」とは、目的の場所まで行くことであり、ぶらぶらと散歩しているのではなく懸命にたどり着くことなのです。密教哲学を活用し、自ら決断し、他者を言葉と文章で説得し、リーダーシップを発揮しながら、仕事を進めていく智慧を働かせることが肝要なのです。

実行の智慧の具体的な内容をお話しします。

これまでに説明した3つの智慧により、よく分析・検討したうえで、実行の智慧により**リーダーシップを発揮して、経営戦略を実行し組織を運営する**のです。

実行の智慧は、自利利他を実践するための勇気・情熱と決断力（リーダーシップ）、行動力

（根回しや調整）、表現力（スピーチ・文章力）、説得力（プレゼン・論理性）を担う智慧のことです。この智慧により法施《ほっせ》（知識の布施）と財施（寄付）ができます。

実行するだけでなく止めることが自利利他につながるのであれば、それを決断することもこの智慧に含まれます。例えば社内での不正が発覚した際、顧客・取引先にはバレないと考え、ごまかしたまま不正を継続するのではなく、いち早く不正を止めて必要な謝罪などの対応策を講じ、再発防止に努めることが行動の智慧に含まれます（なお、一橋MBAにおいて、不正発覚後に企業が破綻に至る要因を研究し、修士論文を作成しました。不正発覚後に速やかに公表・謝罪した企業は破綻せず、隠蔽していた企業の中には破綻した企業もありますので、行動の智慧の重要性が明らかとなっています）。

実行の智慧は、採用後の指導・評価における智慧でもあります。社内を見ると、社員の出勤・欠勤状況、挨拶・朝礼、社員教育、社員への評価などのすべてに経営者の行いが反映されていますので、社内をより良くしていくのは経営者の実行の智慧次第です。なお、経営者が啓発本を読んだり、セミナーに参加しただけでは足りず、そこでの話を経営者が企業にもち帰ってどのように活かしているのかが重要なのであり、実行の智慧が問われているのです。啓発本やセミナーの話は、どの企業にも当てはまる抽象的なものですから、そのまま自社でやろうとしたのでは社員が大混乱します。いかに自社に取り入れて社内を改革できるのか、取捨選択し、やるべきことについては社員を納得させる実行の智慧が必要なのです。また、これまでの3つの智慧による分析・検討の結果の中から何を重視するのかも、この実行の智慧となります。例えば、ある社員の入社からの伸びを見てあげるには鏡の智慧、他の社員とか同期の社員として求められる水準との比較は平等の智慧、その社員の強みは平等の智慧となります。他の社員より出来が悪いと叱咤して発奮させるのか、他の社員と比較すると落ち込んだり、反発してかえって悪影響なのか、この実行の智慧で判断します。

問14　統合の智慧とは何ですか？

答　法界体性智《ほうかいたいしょうち》という大日如来の智慧です（背表紙の白色。如来の歯の色であり、煩悩や悪業による苦しみを清めることの象徴）。普遍性・絶対性を有するありとあらゆる智慧であり、前記4つを統合し、また、補完するものです。

統合の智慧は企業経営における真摯さであり、自利利他の慈悲心による共感経営を行う智慧のことです。自社としての利益追求が最重要ですが、自利の「利」を、他社・地域社会・国家・地球（環境）への貢献という他利に結び付けていくこと、また、現世とともに後世へもつなげていくことを志向する智慧です。経営者が他の社員と異なるところは、企業が潰れるかどうかに関わる重い責任があり、この責任故に経営者が経営に取り組む真剣さ、必死さも統合の智慧に基づくものと考えています。

企業を継続するには、現在の事業を維持し、新たな事業に取り組む必要がありますが、そのために、これまでに指摘したすべての智慧を活用して、**理想と現実の差異や不満の中から「問い」を見つけ出していくことが**、経営者・企業人として必要不可欠であり、このようにして「問い」を産み出すものが統合の智慧なのです。

経営や事業を行うマインドだけでなく、経営の在り方・事業の進め方・脳科学などの他の分野の進展状況などについての**研究マインドを併せもち**、これらを統合して自社に活かしていくことも統合の智慧の一つです。

これまでお話ししてきた「鏡の智慧」「平等の智慧」「個別の智慧」「実行の智慧」によって、さまざまな分析を行った結果を総合し、この「統合の智慧」によって、自利利他を達成するための**企業哲学を構築し、それに基づいて、経営戦略というストーリーを作る**のです。このストーリーがファンに受け入れられることにより、ファンが維持・増加し、事業の継続ができます。他方、統合の智慧に基づく企業哲学が構築されず、ストーリーがない企業は、単に集金をしているに過ぎないため、そうした企業の事業に持続性はありません。

各智慧による検討結果を実現するために必要な組織や**リーダーシップの在り方**を考えるのも、この統合の智慧になります。その際には、それに関わるすべての者が本来もっている特性を発揮させて仕事を完成させるようにもっていく慈悲心を発揮して、社員を指導する必要があります。また、**時間・スパンを変えて**組織を観察しながら指導することも必要です。現時点で見る、四半期で見る、3年で見る、何十年という長期で見るというように時点を変えて、すべての智慧による検討結果を統合して判断するのです。

企業の**資金使途も**この統合の智慧に基づいて検討されるべきです。仕入れ、資産購入、従業員の給料、役員報酬、株主への配当、投資などのうち、何にいくらの資金を使うのか、統合の智慧、即ち、真摯な自利利他の心によって経営者が判断しなければなりません。

平時において**不正防止策を講じるのもこの統合の智慧**です。例えば、不正の機会・動機・正当化事由をなくしたり、会社法のコーポレートガバナンスにおける内部統制システムを真に効果的なものにしたり、経営者らの濫用・暴走を防止することについての智慧を発揮しなければなりません。なお、合掌は、左手の我と右手の仏を合わせることですが、これは、人の心が悪い心と仏心の間を揺れ動くので、いつも仏心がもてるようにと両手を合わせて合掌するという趣旨です。これは、すべての智慧に基づいて統合した我を、仏に合わせて、仏心を保つということなのです。

問15　５つの智慧による企業経営とは何ですか？

答　日々、企業の経営者・企業人と接していますが、何のためにこの企業を経営しているのか、何のためにその企業で働いているのかはっきりしない人々が圧倒的です。

まず、**経営者としては、なぜこの企業を経営してビジネスをやっているのかと質問されたときに答えられなければなりません。**その答えが企業哲学であり、これがなければ、単なる集金であって、経営とはいえません。しかし、経営者の実情を見ると、製造業でいえば、ある製品を製造するプロではあるものの経営者としてのプロにはなり切れていない、また飲食業でも、料理についてはプロなのに経営者としてはプロではないという人々が多いのが現状です。

そこで、**密教哲学を基に仏として経営する際の企業哲学**を打ち立てる必要があります。仏の経営とは、共感経営ですから、顧客の共感を呼ぶ企業哲学が必要です。そして、この企業哲学に、顧客を惹きつける企業としての価値、商品・製品・サービスの価値を盛り込む必要があり、このときに、５つの智慧を使うのです。

・鏡の智慧により、自社・他社の状況や環境を、まるで鏡で映し出すかのように正確に把握します。

・平等の智慧で、自社と競合他社の共通点、業界のトレンドを理解します。

・個別の智慧で、自社の強みや弱み、競合他社の状況を検討し、差別化を図ります。
・行動の智慧で、戦略をどのように実行していくのかについて検討します。
・統合の智慧により、これまでのすべての智慧による検討結果を総合して検討し、まとめたうえで、ファンをつかみ、維持するためのストーリーを練り上げて企業哲学を構築し、それに基づく経営戦略を実践するための組織作りをし、リーダーシップを発揮して自らのビジネスモデルを真摯に推進していくのです。

例えば、フランチャイズ型のカフェにおいては、第一の場所（家）でも第二の場所（職場）でもない、第三の場所を提供するという企業哲学を打ち出したことにより、顧客の共感を得て成功しました。他方で、単に、業界ナンバーワンを目指すとか地域密着などといっても、顧客からは何のことか分からないということでは共感を呼びません。そこで、**共感を産むような、明確で具体的で説得力のある、しかも利他性が示された企業哲学**を構築して顧客に訴えていく必要があります。これにより、**企業哲学に賛同した顧客が企業や商品などのファンになってくれる**のです。

そして、他の社員らと異なり、経営者しか企業経営の責任者はいませんので、経営がうまくいくか倒産するかの責任はすべて経営者にあるわけですから、他の社員らと経営者では**真剣さ・必死さ**が決定的に異なります。これまでに説明した各智慧により編み出した方策を、経営者にしかない真剣さ・必死さをもって顧客や社員らに打ち出していくことで（統合の智慧）、一層の共感を得て事業を進めることができるのではないでしょうか。

また、これまでに話した取り組みにより、経営者の自利利他の心によるストーリーが顧客に刺さると、ハイエンドなファンが増え、ライバル企業と価格競争をしなくてよくなります。企業が社会貢献（他利）をする際、いままでは企業の資産をどこまで減少させるかが問題となっており、社会貢献よりも従業員の給料・ボーナスを上げてほしいという声につながっていたのです。本書で提案している方法であれば、企業の資産の減少ではなく、売上の増加につながりますので、自社の売上・利益（自利）を追求するとともに社会貢献（利他）ができ、従業員の給料・ボーナスのアップにもつながるのです。

問16　企業経営の具体例を基に5つの智慧で分析してください。

答　米国から我が国へフランチャイズシステムの小売店を導入した成功例があります。

かつて小売業の中心は巨大スーパーでの安売りでした。我が国の小売業企業（甲社と呼びます）の社員2名が新たな小売業のビジネスを探すために渡米し、米国内の有名スーパーを回りましたが、どれも大規模資本の超大型店で参考になりませんでした（平等の智慧）。**たまたま長距離バスを降りたときにコンビニを発見**しました。狭い店が客でにぎわい、早朝から深夜まで営業し、品数が多く、一切値引きがありませんでした（個別の智慧）。その米国本社を訪ねたところ、当時の店舗数は全米で数千、社員数は2万人であり、１００冊ものマニュアルを作成して巨大化に成功したとのことでした。当時、日本進出計画がなかったため、米国本社から日本企業との提携を軽視され、高額な商標使用料を支払うなどの不利な契約を締結せざるを得ませんでした（実行の智慧）。

我が国の甲社本社では、当時、日本に１６０万もの小売店があるため、コンビニが日本で成功するのは困難と予測し、本社では扱わず、資本金の半額を出して子会社を設立し、先ほどの2名の社員には個人の貯金から資本金の残り半分に当てさせ、本社からの他の社員の出向は拒絶しました。そのため、子会社では、労働組合のリーダー、中途採用の商社マン、新聞広告で集めた者ら、小売業界の素人を社員として、我が国初の小売フランチャイズ本部を創設しました。

本部の計画は、大型スーパーでの安売り戦略とは真逆であり、**小さな店舗で、早朝から深夜まで開店し、安売りはしない**というものでした（個別の智慧）。米国の極秘マニュアルを基に店舗の立地や品ぞろえを検討しようとしましたが、そのマニュアルに記載されていたのは、レジの打ち方、釣り銭の渡し方など、アルバイトの教育用であって役に立たず、本部が自力で日本のコンビニ一号店を開くこととなりました。

こうした動きを新聞で知った江東区の酒店店主が一号店として立候補しました。工場と空き地しかない埋立地の片隅にある酒店であり、店主は、数年前に父が死亡したため大学を中退して家業を継いだ若者で、身重の妻とともに、金融機関から多額の借金をして小さなスペースの酒店をコンビニへと改装しました。米国本社から来日した指導員はこの立地と店の狭さから商売にならないと酷評し（鏡の智慧、個別の智慧）、何の指導もしてくれませんでした。

我が国でのコンビニ一号店が開店し、酒店時代の六倍である3000の商品を仕入れ、売上は酒店時代の2倍となりましたが、長時間営業のための電気代、アルバイト代、本部に支払うロイヤリティを差し引くと酒店時代と利益は変わらず、店主が借金を返済できない状態でした。アルバイトを増やす余裕がなく店主が一日16時間働き、妻も出産後10日目からレジに立つ状態であったため、本部から毎日社員が通って両替や掃除をしていました。

すると、**まったく売れない商品が在庫の山として店内に保管されている一方、売れて品切れになっている商品があることに気づき**、それなら売れる商品だけを取り扱うよう店主に話したところ、店主はそうしたいができないと答えました。問屋がコンビニに商品を卸す際、慣例から売れている商品と売れていない商品をまとめて大量に配送しているため、よく売れる商品を仕入れるには売れない商品も大量に仕入れる必要があり、品切れの商品を補充したくても売れない商品の置き場所がなくなっていたのでした（鏡の智慧）。3000もの全商品の売れ行きを調べ、売れる商品だけをコンビニに並べる必要があり、コンピュータのない時代に個々の商品を手作業で毎日調べました（実行の智慧。これまでの小売店は年1回の棚卸のみ）。その結果、コンビニでは、洗剤は小さなサイズが売れる、袋詰めよりカップ麺のほうが売れる、週刊誌は発売から4日で売れなくなるというように、**客がコンビニに求めている真のニーズが判明**しました（鏡の智慧）。

この調査結果を基に、コンビニでよく売れる商品を中心に取り扱うには、問屋へ小分け配送を了解させる必要がありました。そこで、本部は一号店の周辺に集中して、さらに11店のコンビニを出店しました。集中出店には共倒れリスクがありましたが、**早朝深夜の新たな客を開拓できる**と判断したのです（実行の智慧）。

問屋は、コンビニ各店には売れ筋の商品を少量配送（小分け配送）するのですが、同じ地域に合計12店のコンビニがあるので、まとまった数を配送できることから、**小分け配送**を了解しました（実行の智慧）。

こうしてコンビニ一号店を始めとして各コンビニの在庫は少量となり利益が上がって経営が軌道に乗りました。**我が国での流通革命です。**本部は、我が国初の小売フランチャイズを率いるため独自のマニュアルを作成し（個別の智慧）、その後の25年間で年商2兆円企業に成長しました（統合の智慧）。

他方、米国本社は、無計画な店舗経営と不動産投資の失敗で経営危機に陥りました。その際、我が国のフランチャイズは、米国本社の救済に乗り出し、日本独自のマニュアルを米国に提供したり、日本から社員を送り込んで、米国本社を短期間で黒字化させ救済に成功しました（統合の智慧）。

問17　5つの智慧によるアート思考・デザイン思考とは？

答　アートという言葉のもともとの意味は、創意や技であり、困難な課題を解決できる熟練した技術です。**アートは、創造力・批判力・問題発見力を高め、人と人やコミュニティとの関係構築に役立つ力を養う**といわれています。厳密には、アートとデザインは異なるものですが、創意・技であって人々の創造力を高めてコミュニティとの関係構築に役立つという意味では共通すると考えられるため、ここでは同様の概念として扱い、共通に認められる効果に着目します。

アートやデザインは凄い力をもっていて、いいアート・デザインとそうでないものとでは人々の接し方がまるで違っています（平等の智慧）。アートやデザインは、人がいかに生きるかということに関わっており、伝統を大切に守ることだけでなく、時代に沿って進化することの大切さを見る人に示し、人々を変える力があります（統合の智慧）。

例として、アートやデザインの中には、整理整頓・清掃（清潔）・躾《しつけ》という3つの美意識関連のもののうち、「整理整頓」につながるものがあります。社会で整理整頓をするのは、アーティスト、デザイナー、政治家、役人、企業人、自営業者とさまざまですが、アートやデザインの力によって、空間や社会が変化し、そこにいる人たちの意識や行動が変化します（行動の智慧）。昔は、夜に列車に乗るとビールの空き缶が床を転がり、つまみが散乱し、酔っ払いがいて、子どもたちや女性は嫌がっていました（鏡の智慧、平等の智慧）。次第に、駅や車内のアート・デザインによって整理・整頓され、清掃・清潔が行き届くようになると、酔っ払いによる乱暴な振る舞いがなくなりました。躾けられたのです。**アート・デザインが産み出した環境によって人は育ち、マナーやモラルを身につけてホスピタリティが生まれます。**アーティスト、デザイナーは心地よい環境をつくることで豊かな時間と場所を提供し、人の行いが変わる可能性を追求していると考えられます（統合の智慧）。

このようなアート・デザインの力を経営に活用することが**アート思考、デザイン思考であり、5つの智慧を磨いてくれます。**例えば、アーティスト（芸術家）やデザイナーは、**現実と理想との差から生まれる問題とその解決のあり方を作品として見せ、**常識や固定概念を打ち壊してくれますので、起業や経営において私たちの統合の智慧を育み、新たなビジネスモデルを創造する役割を果たします。他の例では、自然界を対象とするアート・デザインにより、**地球環**

境・宇宙における多様な問題と解決法を示していますので、５つの智慧を磨き、固定概念を取り払って新しいアイディアを思いついたり、イノベーションを実現する際の力となるのです。

歴史上、平安初期には嵯峨天皇が空海を、安土桃山時代には信長・秀吉が千利休を政権運営において活用しました。また昭和においては著名な経営者が真言宗阿闍梨を社屋に招いて企業哲学の構築などに重用しました。このように、アーティスト、デザイナーは、生き方、政権運営、企業経営に活用されてきたのです。**空海がアーティストである点についてですが**、密教哲学におけるアート・デザインの代表は曼荼羅であり、大宇宙と５つの智慧を表しており、言葉で表現できない密教の世界が一目瞭然で展開されています。また、**東寺の金堂にある立体曼荼羅は、曼荼羅の世界が、さまざまな仏の立体配置によって示されており、空海の手によるアート作品といえます**（密教の世界を絵や立体で示すのが曼荼羅の役割でしたが、心理学者ユングは、曼荼羅塗り絵が精神を整えると提唱して注目されています）。

密教の瞑想においては心の中で、理想とする阿字《あじ》（密教で根本を意味する梵語の文字）や満月を思い描き、自らの心をその理想に合わせており（行動の智慧）、アーティストやデザイナーが、**現実と理想の差に関する質問と答えを作品で示す**ことと同じです。瞑想は、企業経営や事業の創設を検討する際、自社の状況と理想社会を比較し、理想社会に近づくため、解決すべき問題点を発見し、解決していく力を育む効果があると考えています（統合の智慧）。

問題発見の重要性は、ＡＩ時代ほど高まっています。というのも、問題が設定された後、膨大なデータを分析して回答を導くことはＡＩに任せるべきです。私たちは、アート思考、デザイン思考や密教哲学を基に、固定概念を打破し、現実と理想の差を埋めるための問題を発見することに注力すべきではないでしょうか（統合の智慧）。

問18　和文化の具体例を5つの智慧で分析してください。

答　経営と脳科学の研究部会、麹町塾において著名な能楽師からご講話をいただいておりますので、能楽の進展を5つの智慧で分析します。**世阿弥《ぜあみ》は、能を変革し、一人の天才に頼らないシステムを創造**しており、現代の企業経営にとって大変参考になります。

奈良時代には猿楽と呼ばれ、笑いをとる寸劇や曲芸を中心とする庶民用娯楽であり、諸国を旅して神社や寺の祭りで演じました。平安時代に制作された有名な「翁《おきな》」が能のルーツとされており、天下泰平・五穀豊穣を願って舞うものでした。鎌倉時代は、仏のありがたさや勧善懲悪をテーマとする仮面劇でした（以上、平等の智慧）。

世阿弥は、１３６３年に生まれ、１３７５年、将軍足利義満が17歳のとき、京都・新熊野神社で「翁」を父・観阿弥《かんあみ》とともに曲舞《くせまい》（リズミカルな歌と舞）として披露しました。美少年・世阿弥（当時12歳）は義満のお気に入りとなり、義満は観世町の邸宅を観阿弥・世阿弥親子に与えて庇護し、**人気劇団となった観阿弥・世阿弥が得意としたのは庶民向けのものまね**でした（個別の智慧）。

ライバル・犬王を義満が気に入り、道阿弥《どうあみ》と名付けました。犬王は、世阿弥らの伝統的芸風と対照的で、天女舞（笛に合わせた優雅な舞）という、洗練された雅な世界を舞で見せ、幽玄の美しさで将軍や貴族を魅了しました（鏡の智慧）。

１３８４年には観阿弥が急死し（世阿弥21歳）、世阿弥は小柄で、カリスマ性は観阿弥に到底及ばないといわれていました（鏡の智慧）。

追い込まれた状況で、**世阿弥は天女舞を取り入れ、ものまねから幽玄・風情へと切り替えた**のです（個別の智慧）。世阿弥は、役者として演じる対象の表面的な動作よりその人間の心情を汲み取り、なぜその動作となったのかを理解すべきと考えており、犬王の天女舞に対しても、みかけの美しさの奥にある幽玄こそが能の本質であると見抜いていました（鏡の智慧）。世阿弥は、犬王をライバルとして目の敵にせず、著書『申楽談儀《さるがく》』では、犬王の素晴らしさを「えもいわれぬ風情」と褒め（鏡の智慧、個別の智慧）、『風姿花伝』では、「物学条々《ものまねじょうじょう》」を主張し、犬王の天女舞を積極的にまねて取り入れました（実行の智慧）。世阿弥は、自らの猿楽に固執せず、犬王の新しい能を躊躇なくまねており、その柔軟さにより**世阿弥の能が改めて評価され**ました（統合の智慧）。

1408年、義満が死亡し（世阿弥45歳）、次の将軍義持はかねてより義満と不仲で義満の功績をことごとく否定しました。義持は、義満から可愛がられた世阿弥も冷遇し、別のライバル増阿弥《ぞうあみ》が尺八を吹く演出で観客を魅了したため、増阿弥を気に入って幕府の公演で主役を演じさせました。世阿弥も著書『申楽談儀』で増阿弥を「冷えに冷えたり」（とてもクール）」と褒めていました（鏡の智慧、個別の智慧）。世阿弥は、著書『至花道』において、義満の時代はいい点を褒め、欠点がある舞台でも問題にされなかったのに、今は見方が厳しく、玉を磨き花を摘めるすばらしい能しか満足されないと書いています（平等の智慧）。

それまでは現在能（現実の出来事）であり、登場人物のやりとりのおかしさを演じ、文学性・知性・イマジネーション・ドラマチックさがないものでした（平等の智慧）。

世阿弥は、自らにしかない長所を活かし義持が驚くほど芸術性の高い洗練された能を新たに作って見返そうと考えました。他の能楽師にない長所は、幼少期から上流階級と交流して和歌などの貴族の教養を身につけ、平家物語などの古典に通じていたことでした。世阿弥は、**観客の感情に訴えるストーリーで現在能の限界を超えようと企て、**登場人物に夢を語り舞わせて、歴史上の人物や出来事を舞台に出現させる「夢幻能」というジャンルを新たに創り出しました（個別の智慧。例えば作品名『融《とおる》』では、僧が京都を訪れ、藤原氏との権力争いに敗れて亡霊となり、老人の恰好で現れた源融と出会う。僧の夢に源融がかつての姿で登場。月光あふれる庭園でせつなさを舞いで表現）。古典は夢幻能の舞台になじむ物語が豊富で、世阿弥は夢幻能の台本を多数創作しました。こうして世阿弥は、夢を使うことで歴史上の人物の思いや心残りを表現して観客の感情を揺さぶるとともに、現実と理想（夢）との差や違いとその解決の在り方を提示しており、能を格調高い芸術へと引き上げました（実行の智慧）。

世阿弥は、「能の本を書くこと、この道の命なり」（『風姿花伝』）と考え、５０もの優れた台本、20もの理論書を書いたため現在まで世阿弥の能が受け継がれています。**世阿弥という天才がいなくなっても継続可能な夢幻能のビジネスモデルを確立する**ために、多数の台本と理論書を著したものと考えられます（統合の智慧）。これに対し、犬王や増阿弥は世阿弥をしのぐスターでしたが、天才に依存するビジネスモデルであったため（本を書かなかったため）彼らの芸術は失われ、今では何も残っていません。

義持は世阿弥を評価し、１４２７年の祭礼能を世阿弥に任せ、褒美を与えました。

次の将軍義教は世阿弥を弾圧し、１４３４年（世阿弥71歳）、佐渡に流罪としました。流罪となった原因や、その後、世阿弥が京都に戻ったのか、佐渡で死亡したのかは、これまでの研究でも不明であり、世阿弥の著作でも、何も言及していません。

問19　5つの智慧によるアート経営とは？

答　アート思考を経営に活かす方策には2つあります。一つは、経営者・企業人が、実際に、アートに取り組んでその際に脳・心で感じたこと、考えたこと（鏡の智慧）を経営や事業に活かす（行動の智慧）というものです。

例えば、麹町塾において企業人や学生に華道を体験してもらい、それが事業や学業にどう活かせるのか考えてもらいました。

その際、参加者からは、大自然の中から活けるための草花を3つ選び出すという点が事業や研究における題材選びに通じるものであったこと、3つ選んだ草花をそのまま活けることはできないので鋏で切断するのですが、どの部分を残し他を捨てるのかという点がポートフォリオの見直しに通じること、何よりも、何のために活けるのかというコンセプトを考えることが、企業や学業における哲学を考える際にいい影響を与えることなどの指摘や感想がありました。

もう一つは、各アートがもっている特徴を探ってフレームワーク化し、それを企業経営に活かすという取り組みです。麹町塾では、アートの中で特に和文化を取り上げ、例えば能楽、茶道、華道、日本画、和食などが、長い歴史の中で生き延びてきた理由について、5つの智慧を活用しながら探っています。その際には、各和文化がもつ哲学、戦略・マーケティング、組織、リーダーシップなどにおいて、生き延びる原因となった特徴を抽出して、企業経営に利用しやすいようにフレームワーク化できるように探求しています（このうち、能楽の例についてはこれまでにお話しししています）。

いずれの方法であっても、現実と（アートが示す）理想との差から生まれる問題を発見する能力を高め、その解決の在り方を考える方策として素晴らしいものです。

問20　５つの智慧によるデザイン経営とは？

答　アーティストは作品を、デザイナーは商品を創ります（鏡の智慧、個別の智慧）。作品には依頼者の反応とか依頼者の意向の反映がありません。アーティストは自らの思いのまま自由に作品を創造できます。これに対し、デザイナーは、依頼者から信頼され、依頼者に喜んでもらわないとデザインをする意味がないのです。デザインは、デザイナー自身の思いを表現するものではなく、発注者を含めて多くの関係者の希望を取材し、時代の用途や美しさを検討し（平等の智慧）、色・形・素材・使い勝手などを考慮して（鏡の智慧）作り上げるものなのです（個別の智慧、統合の智慧）。

デザイナーは、発注を受けた後、①発注者らにヒアリングするなどの調査をして、受注した仕事の目的にとって最適なデザインを提案すること、②デザイン技術を駆使して素晴らしいデザインに仕上げることが仕事であり、従前のデザイナーは②の技術面のみが重視され、デザインを教える大学や専門学校でも②の技術指導が中心でした。

これに対し、①の最適なデザインの提案という戦略面がデザイン経営につながるものなのです。①を重視するデザイナーは、発注者にとって最適なデザインだけでなく、最適な仕事の在り方やビジネスモデルを提案する優れたマーケッターのようになっていくのであり、それをデザイン経営と呼んでいるのです。デザイナーが企業や自治体へ就職するには①が不可欠ですが、これまで①を指導してくれる大学・専門学校があったでしょうか。

ここでは、我が国のあるデザイナーの取り組みについて取り上げます。

あるデザイナーは、大学に行く代わりに、ヨーロッパ中を鉄道パスで周遊し、帰国後、一人で企業を設立しました。当時、依頼される仕事はデザインではなく、不動産企業のイラストでした。その後、ホテルのポスターの依頼を受けて作成したところ、それが鉄道企業に評価され、鉄道のデザインを請け負うことになりました。

この頃、鉄道企業の赤字路線が多く、先行きが不安視され（鏡の智慧）、突破口を探していた鉄道企業社長は、これまでの発注先よりも鉄道のことを全然分からないデザイナーのほうがいいと考え、タブーを超えた他にないものを作ってほしいと依頼し、常識破りのアイディアに期待しました（個別の智慧、行動の智慧）。

デザイナーは、当時、真っ白な車両は汚れが目立つとタブー視（平等の智慧）されていたことに反して白色を採用し（個別の智慧、行動の智慧）、燃えるおそれが高いからと敬遠されてきた木材（平等の智慧）を車両の内装に使用しました（個別の智慧、行動の智慧）。

船のデザインを担当した際、船体を黒色にしようとしたところ、発注企業の取締役会では、これまでに黒い船体は見たことがない（平等の智慧）として1対9で反対したことから、だからこそヒットすると考えて黒色を採用しました（個別の智慧、行動の智慧）。いずれのデザインも好評を博しました。以下のデザイナーの発想には、企業経営に大変参考になる智慧が含まれています。

・非常識とされてきたものを（鏡の智慧、平等の智慧）、しっかりデザインする（個別の智慧、実行の智慧）ことでヒットにつながって、それが新たな常識（統合の智慧）となる

・多くの反対を受けて、できないといわれたら（平等の智慧）、それをやれば成功する（個別の智慧、実行の智慧）

・反対されているデザイン（鏡の智慧）にはどこにもないものとしての商品価値がある（個別の智慧、統合の智慧）

このデザイナーは、**仕事を受けるかどうかの判断基準としては、発注企業が金儲けだけを考**

えていないことを重視しています。デザインにおける利便性と経済性を追求するのですが、依頼者が文化や情緒をもっていないとうまくいかないというのです。自利利他の心をもつデザイナーであれば、デザインが金儲けに利用されるだけでなく、社会に影響を与えるという自覚があり、また社会に対していい影響を拡げていこうとしますから、自利だけで利他心がない依頼者との間には埋められない溝が生じてしまうのでしょう。

問21　デザイナーが5つの智慧を活用して地方・地域の活性化に取り組んでいる例は？

答　地方・地域において、デザイン業を営むとともに、デザインで地方・地域をまとめるハブとなり、**5つの智慧を活かして地方・地域の創生・再生に取り組んでいるデザイナー**がいます。従来通りの、依頼者から発注を受けて商品をデザインする役割だけに囚われず（鏡の智慧、平等の智慧）、**デザイナー自身、地方・地域・自然を活かす者であるとともに地方・地域・自然に活かされている者であると捉えています**（個別の智慧）。

地方・地域の中には、デザインについての理解が乏しく、発注のためのコンセプトやターゲットがほとんど決まっておらず、デザイナーに対して何をどのように発注したらいいのか発注者側で分かっていないという状況が見受けられます（平等の智慧）。そこで、デザイナーのほうから地方・地域に入り込んで、地方・地域の自然や環境を活かし、またそれらに活かされる取り組みが進んでいるのです（個別の智慧）。このように、**地方・地域におけるデザインの本質**は、依頼者の要望を叶えるだけでなく、地方・地域での人々の暮らしや幸せにつながることなのです（統合の智慧）。

例えば、デザイナーが5つの智慧を活用して地域・地方や企業の再生に貢献したものとして、以下の例があります。

・地方で伐採した木材を利用してデザインをしていたデザイナーが、**里山自体を管理する**とともに、製材業などの地場産業における後継者を確保・育成した

・商品をデザインするだけでなく、**シャッター街と化していた商店街**の店舗で客の声を直接聞き、ここにしかないデザインを産み出した。また、その商店街で伝統のある和菓子店で高齢の経営者が製造する和菓子の名前をブランド名として利用できるものに変え、パッケージとリーフレットやウェブサイトのデザインを変更して**ファンに魅力を伝え**、年間売上数を1000個から10万個に増大させて跡継ぎも育てた

・地域内の旅館従業員、パティシエ、観光ガイド、漁師、農家の人柄・仕事を含むストーリーを掲載したガイドブックをデザインし、**観光客に対して地域の魅力的な人たちに会いに行く楽しみを与えた**

・地域のものづくり文化や地域の暮らしのポテンシャルを、**世間はもちろん地域住民も気づいていない**ため、ものづくり技術や地域暮らしの良さをアピールするデザインを産み出すだけでなく、地場産業の奥深さなど地域の生活実態を伝えるコンテンツとして、**地域の魅力や地域で暮らすカッコよさを発信**するイベントを開催し、客が実際に生産地に来て商品に触れる機会を設けた

・**森林での生活体験をデザインに活かしており**、森林内で未開通のトンネルと道路において、デザイナーが地元の木材を使って滞在空間をデザインし、地産食材のディナーを提供するホテルを運営した

・地域の依頼者から、ポスター・ロゴ・パッケージ・名刺・リーフレットなどのデザインを依頼されたとき、依頼者の社史・個人史を聞いて、価値観や差別化ポイントがどのようにして生まれているのかを探るとともに、**地域の民族誌を基に把握した地域文化・民俗を統合する**ことにより、デザインのアイディアを産み出した

・かつては建築自体が祭事であったことを踏まえ、**地域の年中行事や祭事などの儀礼を参考に**したり、建築物に内包される祈りに配慮して建築物をデザインした。家具については、地域の年中行事などの儀礼の道具であって用途よりも優先された儀礼としての意味や美しさを有していたことをデザインに活かした

・好き勝手にデザインするだけで売れなかったために産地の職人から嫌われていたデザイナーが、**ブランディング**を含めたグラフィックデザインを担当するだけでなく、職人とともに産地の技術で地域ブランド商品を製造し流通させ、地域資源を活かした事業を行った

・地域で1400年もの歴史がある温泉旅館において、デザイナーが、空間デザインだけでなく、ビジネスモデルの構築、地域コミュニティとの関係改善も担当し、あえて食事を提供せず、宿泊者が自由に使えるシェアキッチンを充実させ、温泉街で食材を調達する動線を創って観光客に街を歩かせ、地域に触れあってもらうこととし、**地域住民と観光客が交流できる新たな観光スタイル**を創った

発注者から依頼を受けて商品のデザインをするだけのデザイナーは、レッドオーシャン（競争相手が市場に非常に多く、競争が激化している状態）に身を置いており、差別化による事業継続は至難の業です。これに対し、右の例のように、地方や地域の企業と連携してデザイン経営に取り組むことはブルーオーシャン（市場に競合相手がほとんどいない状態）であり、デザイナーが発注者の側に立つことができるようになります。

問22　上司を諫《いさ》めるべきでしょうか、上司のいう通りに従うべきでしょうか？

答　「上司に忠義のつもりで諫めて失脚するのと、上司のいう通りになって自分の身の安全を図るのと、どちらがいいでしょうか？」という手紙を空海に出した方に対する**空海の返書**が残されています。

空海の返事を説明する前に、他の仏教や論語はどのような回答になるでしょうか。あくまでモデル案ですが、まず、原始仏教では、すべて移り変わるもので実体はなく悩む必要がないというのが答えです。これでは当面の対応策についての回答にはなっていません。また、出家主義のため出家をすすめられてもそれはできません。

止滅型の大乗仏教の場合、煩悩にこだわらないように指導されたとしても、質問のどの方策がいいのかについての回答にはなりません。煩悩に囚われたくないとして、結局、退職してしまうと生活に困ってしまいます。うまく転職先が見つかればいいのですが。

禅宗も止滅型であり、坐禅をして心の塵《ちり》を落とすだけでは、質問への回答が見つかるものではありません。これも退職や転職になるものと思われます。

天台宗は自利がなく利他を重視します（忘己利他）。そうなると、自分よりも上司を優先することになるでしょう。それでは、相談者のメンタルがもたないように思われます。

論語に従う場合、孔子による多数の言行録のどれを今回の拠り所として採用するのかが問題になりますし、仮に、「義を見てせざるは勇なきなり」を採用した場合、上役を諌めるきとなりますが、実際にこれを行うと質問者が心配しているように失脚します。

では、**実際の空海の回答を紹介**します。なお、カッコは筆者によるものです。

これまで2通のおたよりをいただきました。お尋ねについて、どちらを取るか、まさに本人の心次第ですが、私も驚きかつ憂えております。

昔も今もそうですが、忌憚なく意見を言って人を諌めるような者で、その家が栄えたためしはありません。血を分けた親類であっても、身を滅ぼし家を滅ぼすのですから、まして赤の他人ではなおさらです。それでもなお正義を貫きたい人は、黙っていられないのです。道理を通して諌めてしまうのです（鏡の智慧、平等の智慧）。

他人を諌めることが貴いのは、悪い行為をやめさせて善行に導くからです（鏡の智慧、平等の智慧）。

この点、**菩薩が心がけるべき大切な徳目の一つに、同事**というものがあります。これは世間に同じて事を行うということです（平等の智慧、実行の智慧）。

仏・菩薩が人々を救済するために、本来の智慧の光を隠して世に現れ、煩悩の塵にまみれながら人々を仏法に導くというものです。**あなたも、この教えにならって、**思い切って上役に仕えてみてはいかがですか（実行の智慧）。

そこまで努力しても通じずに、相手があなたを憎むとすれば、この関係はお互いに益するところなく損失ばかりとなりますから、思い切って身を引いて別れたほうがよろしいでしょう。しかし、あなたが職を捨てられないとすれば、病気を理由に地方の仕事にでも移してもらいなさい（個別の智慧、実行の智慧、統合の智慧）。

取捨、去就はまことに難しいものです。よくよく考えて決めてください。

以上の空海の返事を分析すると、まず、鏡の智慧と平等の智慧によって、こうした状況に陥ったときに上司を諫めても、通常、家を滅ぼし、身を亡ぼすことになると分析し、それでもなお諫める人については「そうせざるを得ない人」であると指摘しています。安易に論語の「義を見えてせざるは勇なきなり」に従って上司を諫めることには反対していると評価できます。そして、空海は、質問者に対し、平等の智慧と行動の智慧に基づいて、同事という哲学を紹介し、**上司に従いつつも、うまく上司をコントロールするように指導**しています。そのうえで、個別の智慧・実行の智慧・統合の智慧に基づいて、**さらなる対策として、身を引くことや転職の選択肢**についてもアドバイスしているのです。

空海のアドバイスに従ったうえで、上司に従いつつうまく上司を懐柔したり、もっと上の上司や人事に相談して味方につけることが考えられます。それでもうまくいかないときには、空海が示唆しているようにその上司以外の部署に異動させてもらうよう願い出るとか、転職をすることになります。

相談者の悩みが上司からのハラスメントや上司による違法・不当な行為である場合、現在では匿名の内部通報制度がありますが、そうした制度の有無に関わらず、空海のアドバイスは最適であり時代を超えた普遍性があると考えています。このように、具体的な質問を踏まえて検討すると、論語や他の仏教の止滅型より、**促進型である空海の哲学（５つの智慧）**のほうが、質問者にとってためになる効果的な回答ができます。

問23　就職・転職の考え方を教えてください。

答　就職・転職の際、当該企業でなぜ働こうとするのか明確でない企業人・学生がほとんどです。就職面接ではもっともなことを述べるのですが、実際の思いは、就職ランキングで上位に載っていて家族や友達の間でマウントが取れるからということが多いのです。そうではなく、**仏として働くに当たってのキャリアプランを考えること**が必要です。働くというのは、顧客・他の社員らのために何らかの価値を創造する行為です。何の価値も産まないなら働いていることになりません。価値を創造できるのは、働いたプロセスや結果について、顧客や他の社員らの共感が得られたときであり、まったく共感が得られないところに価値の創造はありません。他者の共感が得られて価値を創造できる働き方が仏としての働き方であり、それができる企業に入るべきです。

では、就職先・転職先を選ぶ際、具体的にはどのように考えたらいいのでしょうか。

新卒であっても転職であっても、企業の職種、賃金の額、働く場所、上場しているかどうか、有名かどうかなどのファクターを組み合わせて、入社する企業を選んでいないでしょうか。

密教哲学の実践としては、以下のとおり、**5つの智慧を活用し、自らが仏として企業で働くことの幸福とは何かを考えて就職先・転職先を選ぶべき**です。

鏡の智慧で、自分自身と大学・企業のことをよく理解してください。

平等の智慧で、その学問や職種のトレンド、違うように見えるものの中での共通点を掴み、なぜ、自らがその学問や職種に適しているのかをよく考えてください。

個別の智慧で、他の学生と比べて自らのアピールポイントがどこにあるのか、他と比較してその大学・企業の強みはどこにあるのか、なぜ、自分（こそ）がその大学・企業にふさわしいのかを十分検討してください。

実行の智慧により、入試や就職試験を突破するためにしっかり準備をしてください。大学での勉強方法や企業での働き方（リモートかリアルか）、一人でやるのかチームプレイなのかなど、大学・企業において自らが行うことについてよく分析してください。

統合の智慧により、これまでのすべての智慧による検討結果を活かして、自分が入学・入社したことで、自らの利益とともに、他者・社会にとって、どのような価値を産み出すのかを示せるようにしてください。加えて、入学・入社後の組織において、心理的安全性を感じられるのか（ぬるま湯なのか）、厳しい指導を受けて自己の成長が感じられるのかについて検討してください。

こうした５つの智慧で分析・検討することで、**自らの幸福につながる企業選び**ができ、入社のための面接においても自信をもって対応できます。

問24　採用に当たって密教哲学をどう活かしたらいいですか？

答　企業と人の出会いは縁です。原始仏教以来、因・縁・果を重視しています。例えば、種をまく（因）➡日が照って雨が降る（縁）➡育って花が咲き実をつける（果）のように考えます。これを採用に当てはめると、**人探し（因）➡出会い（縁）➡採用して活躍し業績を上げる（果）**となります。この縁には良縁と悪縁があり、良縁として選ぶべき応募者については、原始仏教以来、

・本当に助けになる人
・苦楽を共にする人
・面と向かって忠告をしてくれる人

・同情心の深い人

といわれています。逆に、選ぶべきでない悪縁の応募者としては、

・欲張りな人
・言葉巧みな人
・人にへつらう人
・浪費する人

とされてきました。

密教哲学では、「空」概念に基づく関係性を重視しますので、**応募者が当該企業・他の社員・顧客や取引先などと良い関係性を築くことができるか**どうかを採否の判断において重視することとなります。経営者は5つの智慧を活用し、その応募者が自社の企業哲学に共感し、経営者と同じ志をもって自利利他の心で働いて多方面に良い関係性を構築してくれるかどうかを判断し、良縁なのかどうか見抜かなければなりません。

大日経では、弟子を選ぶ際、

・理解力が優れていること

・罪や過失を犯さないこと
・他人のために喜んで努力する者

が最適とされ（他と良い関係性を築くことができます）、このような者を見かけたら、向こうが求めていなくても呼び寄せ、慈悲心から何度も褒めて弟子とすべきと説いています。

企業が応募者を集めて採否を判断する際、次の２つのステップを踏むことが大切です。

第一に、人探し・出会いとして、自社の企業哲学、経営者の志や思いをＨＰなどで発信する必要があります。

このとき、経営者の哲学や思いを存分に訴える部分と、それだけにとどまらず、客観的に評価したうえでの自社の魅力を伝える必要があります。

経営者自身が、鏡の智慧で自社をよく見たうえで、平等の智慧により、業界トレンドから見た自社の客観的な魅力を把握し、個別の智慧で自社の強みを認識し、行動の智慧により、適切な広報手段を選択します。統合の智慧により、以上の智慧による分析結果を総合し、真摯に自社の企業哲学に基づくストーリーを構築し、それが実現できる組織を構築するなどしたうえで、採用希望者に対して、以上の自社のポイントを訴えるのです。

経営者は自社への思い入れが強いとき、自社に対する主観的な評価を懸命にアピールするのですが、それだけにとどまると、応募を検討する側としては、客観的に見て御社の優れたところがまったく分からないこととなり、応募しなくなってしまいますので、経営者の思い入れを除いた客観的な鏡の智慧で自社全体をよく見たうえでのアピールポイントについてHPなどに掲載することが必要なのです。

第二として、採用面接では、応募者に対し、自社の企業哲学のもとで一枚岩となって働いてくれるのかどうかを問い質す必要があります。5つの智慧を活用した採用面接での質問項目の例として、

・鏡の智慧から――応募者自身の項目、幼少期の記憶のある時期からできるだけ間断なく幼稚園・小学校・中学校・高校・大学・就職と質問します。応募者の思い、親の指導内容を踏まえて、時期をあけずに聞いていくことで、嘘やその場しのぎの回答ができなくなり、まるで鏡で照らすように明確になります）、自社の企業哲学を理解していることを確認する項目

・平等の智慧から――業界や市場の状況、学生の傾向についての項目

・個別の智慧から――自社の強みと弱み、応募者の強みと弱みについての項目

・行動の智慧から――応募者の行動力・決断力・表現力・説得力についての項目

・統合の智慧から――真摯さ、組織の一員として、当社の企業哲学に基づくストーリーにふさ

わしい市場は何か、顧客は誰か、ポートフォリオの見直しのぜひに関する項目を挙げることができます。

これに対し、かつて高い地位にあったとか、得意先の紹介だからという理由で採用したのでは、5つの智慧を活用した採用ではありませんので、多方面と良い関係性を築くことができる人物かどうかを見抜けず、採用が失敗に終わることになりかねません。

問25　転職していく社員に困っています。

答　社員が同業他社に転職したり、起業して競業関係となり、法律上の対応に追われるというケースが多くなっていますが、5つの智慧により、こうした案件が深刻化しないようにすることが可能です。

自社の企業哲学に基づく魅力について分析し（鏡の智慧）、日ごろから社員に伝えておくべきです（行動の智慧）。入社以来、仕事を指導してもらった経営者や先輩社員に恩義を感じたり、同僚や後輩のおかげと感謝し、企業に魅力を感じている社員は、同業他社に転職することはないはずです（個別の智慧）。

だからといって、**経営者が社員に恩を売るのは間違い**です。強い立場の経営者が、弱い立場の社員に対して、恩を着せて、企業に縛っておこうというのは、仏としての経営ではありません。社員の立場から、企業哲学に感銘を受けて企業や経営者に感謝しているかどうか、企業と社員の関係性をよく見ておくべきなのです。業界水準や他社との比較から見て、自社がどのくらい社員に満足を与えているのか知っておくべきです（平等の智慧）。そのうえで、社員が転職を考えないような施策を実行しておくべきです（実行の智慧）。

社員も仏であって素晴らしい仏性をもっていますから、それを輝かせようとする取り組み（例えば、社員の業務における興味関心をヒアリングして把握しておき、それに応えてやりがいを感じる業務に従事させたり、長所を褒め成長を実感させる取り組み）を行うことで、社員の心の中に、自然な形で、企業や経営者への恩を大事にするという思いが生まれてくるはずです。

もちろん、転職などの際に、営業秘密の侵害や秘密の漏洩がなされないような措置を取り、万一そうした事態が生じた場合には、厳しく対応することで再発を防止すべきです。

統合の智慧の観点からは、これまでの智慧による分析結果を踏まえ、自社の企業哲学が自利利他によるものであって、その哲学に基づいて構築された経営戦略というストーリーや、経営者の真摯さが、社員に伝わっていて社員が共鳴しているかどうか、また、企業組織が社員にとって魅力あるものであるかどうかをよく見ておく必要があるのです。

【もっと密教哲学を知りたい読者のために②】

空海は、人が守るべき恩として、三宝（仏法僧《ぶっぽうそう》）の恩、父母の恩、社会の恩、国家の恩の４つを挙げています。空海の時代に企業は存在しませんでしたので、企業や経営者が存在していれば、企業や経営者への恩が、この４つの恩に加わるはずです。先ほど指摘した５つの智慧を活用し、社員から見て、恩を感じることができるような企業・経営者になっておくべきです（もちろん、自らへの戒めです）。

問26　経営すること、働くことが苦しいのですが、どうしたらいいでしょうか？

答　釈尊（原始仏教）は人生の苦しみについて、体の苦しみ４つ、心の苦しみ４つに整理しました（四苦八苦）。体の苦しみは、①生まれて生きていく苦しみ、②老いる、③病気になる、④死ぬことであり、心の苦しみは、⑤愛別離苦《あいべつりく》（別れ）、⑥怨憎会苦《おんぞうえく》（恨み・憎しみ）、⑦求不得苦《ぐふとく》（求めても得られない）、⑧五蘊盛苦《ごうんじょうく》（体に精気がみなぎるがはけ口がない）とされ、今回の問いでは①と⑦の苦しみが問題となっています。**四苦八苦の原因は煩悩にあります。**どこまでも満足できない欲望にいかに対処するかについて、原始仏教・大乗仏教の多くは欲望を滅するように指導する止滅型であり、これでは経営に向きません。

密教哲学は、煩悩（小欲）を大欲に育て上げるように心を磨けという促進型です。この促進を図るため、苦しいとき、苦しみを楽しみと捉えなおして、企業経営をし、働いていただきたいのです。空海は、著書『秘蔵宝鑰《ひぞうほうやく》』の中で、「抜苦与楽《ばっくよらく》」と書いており、これは、人々の苦を取り除いて楽を与えるという仏の慈悲の働きのことです。経営者の財欲、事業欲、名誉欲などの小欲が濫用されれば、シナジー（事業間の相乗効果）がなく利益が上がらない買収、合理性のない事業拡張・設備投資などが行われ、経営者らの苦しみにつながります。そこで、密教哲学のもと自利利他の心で小欲を大欲に育てて小欲の濫用を防止し、社員・顧客・世間から高い評価を受けて経営を継続していくことを楽しみと考えてはいかがでしょうか。

5つの智慧を使い、苦しみを楽しみと捉え直す方策をお話しします。

まず、鏡の智慧により、苦しいことを心の鏡に映し出して、正確に捉えます。苦しみの原因が何か、苦しみの内容は何かを正しく理解します。また、こちらに苦しみを与えている人や物事の立場になってみることも重要です。これにより苦しみを楽しみに変える方策を考えるための基盤ができます。

次に、平等の智慧を働かせます。こちらに苦しみを与えている相手・物事と、自社や自分をすべて包み込み、共通点を見出し、みな平等でいずれも素晴らしい価値があることを認識するのです。それにより、苦しみの原因が一層はっきりしますし、自分も相手と同じ立場であれば同じような態度を取るだろうか考えます。相手も自分も平等であることを踏まえて適切に対応しようという慈悲の思いが強くなります。

さらに、個別の智慧を働かせます。相手と自社・自分との違いがどこにあるのかを見出すことにより、相手の特徴、こちらとの差異がはっきり分かります。**自社・自分を差別化して有利に立つためのポイント**が明確になります。時には、苦しみの対象であったはずの相手が、実は敬意を抱く対象になることもあり得ます。

そのうえで、行動の智慧を活かします。こちらに苦しみを与えている相手・物事に対し、これまでの智慧によって明確になったことを踏まえ、自利を利他につなげていくよう行動しましょう。こちらも相手も仏であり、**相手をリスペクトしつつ、互いの問題点を改善したり、良いところがあればそれを見習ったり褒める**ことにより、これまで苦しみであったものが楽しみへ変わっていきます。

最後に、統合の智慧を使います。これまでのさまざまな智慧によって考えてきた結果を統合しながら、苦しみの原因となっている理想と現実との差異について分析することで、苦しみを解消して事業を継続していくための問いが見つかり、その問いの解決のために適切な組織を構築して運営していくのです。また、この智慧では、苦しみに立ち向かう姿勢としての真摯さを重視しており、濫用や不正があればそれを防止する智慧でもあります。

以上の5つの智慧を使うことで、小欲の濫用による苦しみから逃れ、大欲の実現という楽しみへと向かう仕事ができるようになります。

問27　ステークホルダーからひどい対応をされました。どうしたらいいでしょうか？

答　本書付録の胎蔵曼荼羅を見てください。自社を中心に置き、その周囲をステークホルダーが囲んでいるという状況です。それを頭に描いたうえで、**自社もステークホルダーも、みな仏であると自覚し、互いに敬い合う心をもって感謝の言葉をステークホルダーにかけてください。**それが御社のため、ステークホルダーのためであり、我が国の将来のためなのです。これが密厳国土《げんこくど》という考え方です。

互いにリスペクトして優しい言葉、感謝の言葉を掛け合うというのは布施であり、重要な修行です。布施とは、貪《むさぼ》る心を離れて、人々に広く遍《あまね》く施しをすることです。施すものは財物だけではなく、真心・利他の心、優しい言葉、優しい行いも布施の対象であり、心の施し、行いの施しが大切なのです。布施を行うことにより、自利利他の心が一層磨かれ、周囲から高い評価を受けて支持されていくのです。

密教哲学を経営において実践するということの意味は、仏として経営をする、仏として働くということです。そうであれば、顧客や上司のひどい態度に対しても、こちらは、腹を立てることなく、正しい考え方で、正しくやさしい言葉遣い（清浄な言語）で、正しい行動をすることが重要です。相手の言動に耐えることを忍辱《にんにく》といいます。そのうえで、**慈悲の心で相手に対応していくことが、この現世における貴重な修行**です。どんな苦しみでも一日だけと思えば耐えられますし、どんな楽しいことでも、一日だけと思えばのめり込むことはありません。一日ずつなら、気を長くもって天寿を全うするまで耐えられるはずであり、大切な相手との付き合いを長く続けることができます。

密教哲学で重要な５つの智慧を活用して乗り切りましょう。

鏡の智慧により、鏡のように相手を映し出して、ありのままを観察して把握します。自社の都合のみを優先せず、また、相手に対して卑屈にも横柄にもならず、鏡のように明確に自社と顧客の状況を映し出しましょう。

平等の智慧により、御社やステークホルダーの対応が法規上問題はないのか、業界水準に照らして適切なのかを検討しましょう。

個別の智慧では、ひどい対応をする顧客と自社を冷静に分析し、顧客がひどい対応をする経緯が何であったのか、原因が自社にあるのか顧客にあるのか、個別事案に応じて現場レベルで十分調査しましょう。

行動の智慧では、これまでの智慧による分析結果に基づき、顧客に対して関係を継続するのか、説明・説得するのか、取引やお付き合いを断念するのか、ふさわしい対応を検討して実行しましょう。

統合の智慧では、以上の智慧における検討を総合し、現実と理想との間にいかなる違いがあり、そこからどんな問いを見つけ出すことができるのかを検討し、発見した問いを解決するための組織やリーダーシップはいかにあるべきかを考え、真摯に問いの解決に向けた取り組みを行いましょう。

そうすれば、相手に対して、個別事案に応じて、正しく、やさしく、適切に対応することができます。つまり、相手が怒っている物事に対して的確に対応できるようになるのです。

また、相手もこちらも仏であり、それぞれの仏性を一層輝かせるように心がける必要があります。一見して罵詈雑言とか的外れな指摘と思われる言動であっても、何らかの改善のヒントがあるなら、こちらの仏性を一層輝かせる契機となります。相手の言動の中で、少しでも当たっている点があればそれに**感謝するなど、相手の仏性を輝かせてあげられるような言動**を取りたいものです。

例えば、ある一流ホテルでは、顧客からのクレーム対応について、現場の社員に任せておくのではなく、その上司や管理職が顧客のもとに出向き、クレームの原因を真摯に把握して問題を解決し、いつのまにか、上司や管理職のお客さんにして、さらに大口の受注につなげています。クレーム対応は面倒なことと敬遠されがちですが、相手とこちらの仏性を一層輝かせるチャンスであり、新たなビジネスの受注につなげる絶好の機会でもあります。

問28　認知バイアスにより経営判断を間違えないためにはどうしたらいいでしょうか？

答　正しい経営判断を下すのは経営者にとって常に悩むところですね。よく分かります。まずやるべきは正しい認識をもつことです。ＭＢＡには組織論という科目がありますが、そこでは、**経営における認知バイアスとその対処**が大きなテーマとなっています。

認知バイアスとは、経験・状況の影響を受けて偏った価値観や物事の見方による認知の歪みのことです。その例として、

・正常性バイアス　不正・危機・非常事態に直面しているのに過小評価・楽観視して大丈夫と思う（例　長時間労働の社員が働き過ぎと認識しても、倒れるかどうか分からないと思って是正できず適正な労働環境にならない）

・自己奉仕バイアス　成功した時は自分の功績、失敗した時は自尊心を保つため他者のせいと思う（例　部下の手柄なのに上司が取り上げてしまう）

・確証バイアス　先入観に合致したデータだけを重視（例　いったん良い／悪い社員と思うと、出自・家庭環境・学歴・職歴・交友関係からその判断を支える情報だけを集めてその判断を

固めようとする）

・第一印象の確証バイアス　第一印象に強い影響を受ける（例　面接での最初の印象が良ければ、ひとつのことにひたむきに頑張ったことを、粘り強くて継続力があると評価し、第一印象が悪ければ粘着質で柔軟性がないと評価する）

・ハロー効果　相手の目立った特徴に惹かれて評価が歪む（例　ＣＭに好きな俳優が起用されたためその商品がいいと判断）

・ダニング・クルーガー効果　自分が優れていると錯覚する（例　大学で成績が悪い学生ほど自分を過大評価）

が挙げられています。

認識を誤るのは、認識の対象に問題があるのではなく、対象を観察する際に必要となる５つの智慧を働かせていないためです。直感・人生観・癖のある変わった考え方で判断したのでは認識を誤りやすいでしょう。

そこで、まず対策についてお話しすると、バイアスという存在を認識し、自分の主張や意見を疑う姿勢を持っておくことです（鏡の智慧）。他者の視点に立ち、自分の主張を検証することです（平等の智慧、実行の智慧）。自分の主張の弱点を考えてみることも有効です

（個別の智慧）。これらの智慧により、バイアスに陥らなくなります。

では、詳しく**５つの智慧による正しい判断についてお話しします。**

「対象の観察」（甲）により、「認識・判断・感情」（乙）が産まれ、乙のもとで甲を行い、さらに甲の結果として乙が産まれ……というように、甲と乙が繰り返されていきます。その際、バイアス・偏見をもたず、認識を誤らないようにするには、まず、甲の段階で、５つの智慧による観察を行うことです。

対象を鏡の智慧でありのまま観察し、平等の智慧で対象全体を捉え、個別の智慧で対象の各部分を観察し、行動の智慧により的確な行動を行い、統合の智慧によってこれまでの各智慧の分析結果を総合して真摯に判断することで正しい理解ができます。

５つの智慧により、**理性的・合理的・論理的な観察・判断ができる**ようになり、硬直した非論理的な判断が排除され、社会の現実と一致し、筋道が通った健全な企業の目標達成に役立つ判断ができるようになります。

ただ、煩悩により、行き過ぎた感情を抱くことがあります。例えば、名誉欲・財産欲のため、他社の成功について、ある程度の嫉妬や妬みを抱くのは健全なのですが、行き過ぎた嫉妬は苦痛であり、自社の経営に支障が出て、ステークホルダーに迷惑をかけることになります。そこで、密教哲学では小欲を大欲に育て上げることを求めているのです。つまり、他社への嫉妬心を妬みや嫉妬のレベルに止めて燃えたぎらせたままにせず、**自社の利益を社会貢献につなげていく心へとレベルアップしていく**のです。これにより、不健康で否定的な感情ではなく、社会貢献に向けた大欲を抱いて企業経営を行うことができます。

なお、この問いに関連し、周囲からの評価を気にして経営上の選択を決めるべきかという問題があります。周囲がどう思うかよりも、自分がどこで何のために経営や仕事をするのかというのが仕事の本質です。密教哲学を踏まえれば、経営者が仏として経営に当たり、企業人それぞれが仏として仕事をするわけですから、周囲の思いではなく、この仕事の本質を最重要と考えて経営や仕事に取り組むことが、経営者のもつ仏性を活かした経営となります。

また、経営上の選択の際には、何をするのかとともに、何をしないのか、何を手放すのかという判断も重要です。この点でも、周囲の目を気にしてということではなく、**自分が何のために経営や仕事をするのかという仕事の本質から、何をしないのか、何を手放すのかを判断する**のが、仏としての経営、仏としての仕事の在り方です。

問29　マーケティングにおいて大切なことは何ですか？

答　マーケティングは、５つの智慧が最も役に立つところです。

鏡の智慧で、自社・他社・商品・サービスなどを正確に把握します。

平等の智慧で、業界トレンド、市場状況、自社と他社の共通点などを把握します。

個別の智慧で、自社の強みと弱み、他社の強みと弱みを理解します。

実行の智慧で、自社の強みを顧客に訴えたり、他社がまねできない製品・商品・サービスを産み出して流通させます。

統合の智慧により、以上の智慧で分析した結果を総合し、自利利他の心による企業哲学を構築し、それに基づくストーリーを活かしたマーケティング戦略を打ち立て、それを真摯に実行するための組織とリーダーシップを創出します。これにより、ストーリーに共感した顧客の維持・増加を図るという、密教哲学に基づく共感経営を実践できます。

経営学における研究において、**共感経営がマーケティングに成功をもたらす**ことが明らかになっています。自社の熱心なファンであれば、そのブランドを積極的に探してくれるため、頻繁に広告する必要がなく、広告費が抑えられてコストを削減できます。同じ商品の使用頻度が高く、リピーターとなってくれるので売上が増大すること、他にはない特別な価値を認めてくれるので他よりも多く支払ってもいい、より高価な商品であっても買いたいと考えてくれます。そのため、価格が上昇し、安売り競争に巻き込まれません。

ある製造販売業者のデータでは、顧客の人数構成でリピート率が高い熱心なファンは15％程度であるのに、売上の75％が熱心なファンによるものであったことが示されていました。

顧客の共感を得るという方策により、①自社を知らない人に知ってもらう、②自社を知っている人に購入してもらう、③自社の熱心なファンになってもらって繰り返し購入してもらう、ということを目指すのですが、**売上に大きく貢献するのは、③の熱心なファンによるリピートであり、そこをいかに増やしていくのか**が最も重要なことなのです。

そのためには、顧客が求めているものに対して的確に対応するだけではなく、自社にとってリピーターになってもらいたい顧客のセグメントを明確にし、長く付き合ってもらうことが重要です。**リピーター客を集め、増やすには、**自社が売りたいもの・ことに込めている思い・価値観・強み・弱みを的確にアピールして、自社が何を売ろうとしているのかを理解してもらい、自社及び商品などを愛してもらうことが必要です。

そこで、密教哲学を基に仏としての経営であるというビジネスモデルをストーリーとして顧客に明確に示し、自社の企業哲学や価値観に共鳴してもらうのです。自利利他心による経営であることを顧客に伝え、共感を得ることで、顧客の評価が高まり、売上につながるのです。顧客の共感を得ることで顧客を自社の熱心なファン（前記の③）にできるのです。

本書をきっかけに、仏としての経営、自利利他による経営を実践してはいかがでしょうか。

問30　ブランド論と密教哲学はどのように関係しますか？

答　顧客に伝わるブランドを構築して経営に活かすためには、5つの智慧に基づいて、仏としての経営（自利利他心による経営）をしているという**企業哲学に基づくストーリーを明確にし、**それに合うよう、社名・商品名・サービス名を決めて商標化し、そのストーリーに基づくブランドを顧客に周知する必要があります。商標とビジネスモデルに基づく素晴らしいストーリーが認識されれば、顧客が企業のファンとなってくれます。

社名がブランドになるケースがありますので、企業の設立前からこの点を意識し、**商標登録の可能性を考慮して社名・商品名・サービス名を決める**必要があります。また、企業は、生きている仏として、時代の変化や顧客の声に反応して変化し、同業他社と異なる個性や強みを磨きながら、顧客とのコミュニケーションを通じて、自社ブランドの確立を目指すべきです（個別の智慧）。その際、企業哲学に基づくストーリーとともに、**例えば、商品開発についての熱い思いを顧客に訴える**ことにより（行動の智慧）、顧客がそれに共感し、同じ夢を見たり、応援してくれることにつながるのであり、金銭的な価値を超える無形資産です。こうして自社に関わってリピーターとなってくれる顧客の存在があって初めて、ブランドとして確立したといえます。

例えば、あるラーメン店は、男性客が満腹になる量を提供するという企業哲学から多くのリピーター顧客がいることで有名です。また、虎ノ門の小さな不動産業者を55歳で引き継いで不動産事業を発展させ、ビル開発、さらには街づくりを企業哲学としたことで（統合の智慧）、各地域住民などから支持され巨大なビルと街づくりの企業として君臨している企業があります。世間にはラーメン店、不動産業者が多数ありますが、企業哲学を基にした差別化戦略で多くのリピーター顧客やファンを産み出したことが実証されています（個別の智慧）。また、何よりも経営者の真摯さが重要です。仏として経営していく誠実さ、理想と現実の違いに真剣に着目してそれを解決しようとする正直なビジネスモデルがあれば、顧客は企業の語るストーリーが本物であって他社と異なるブランドであると理解して応援してくれるのです（統合の智慧）。

このほか、**企業による利他の取り組み**が、あたかもブランドのように顧客に受け入れられ、熱心なファンが増えた事案があります（統合の智慧）。ある洗剤メーカーは、自社商品の良さをアピールするのではなく、「THANK YOU FOR MOM」という母親支援の標語でキャンペーンを行い、熱心なファンを増やしました。経営学（ＭＢＡ）の研究では、こうした熱心なファンに対する売上が、売上高の大半を占めているという企業が多く存在しています。

問31　自社製品の品質についてどう考えたらいいですか？

答　品質とは、「製品・商品・サービスが使用目的を満たしている程度や度合い」であり、「顧客の満足度」であって、顧客が評価する価値と価格をつなぐものです。

そのため、**品質は顧客のニーズによって異なります。**性能、価格、納期のいずれを重視するのかは顧客次第です。つまり、「価格重視の顧客」に対し、「性能が良く納期の短い製品」を提供しても、「高価格」であれば、高い満足度を得ることはできません（鏡の智慧）。品質といえば、性能や製品の完成度ばかりが注目されがちですが、顧客が求めるものによって品質の基準は違うのです（平等の智慧）。

密教哲学に基づいて仏として経営するには、布施の一つである法施《ほうせ》として、**自利利他の心《まごころ》で、相手の立場に立った品質を追求**していきましょう（実行の智慧）。これにより、他社と異なる圧倒的な価値を示すことができ、他社との差別化が可能になるのです（個別の智慧）。

例えば、キッチンカー、レストランや弁当販売業者の経営者であれば、顧客に対して売ることは熱心なのに、顧客の食べ残しを確認することはありません（鏡の智慧）。注文してくれた食事、買ってくれたお弁当の食べ残しを確認し、どのような顧客はいかなる食材やおかずに満足するのかを研究していけばどうなるでしょう（個別の智慧）。顧客の満足度が高い食材を中心としたメニュー・献立に改善できるのです（実行の智慧）。こうすれば、食べ残しがなくなって食材が無駄にならず、顧客にも喜んでもらえるでしょう。

メーカーであれば、自社製品の問屋、小売店主の立場に立ってチャネルとして扱いやすい製品や販売方法を研究する必要があります。生産工場では、各生産担当者に対し、顧客が製品を使っている状況を具体的にイメージさせ、製品が不良品であったときに顧客がどれだけ困るのかを明確に認識させることにより（利他）、**心のこもった生産が実施され、不正や不良品の発生が少なくなります。**開発現場でも右と同じイメージをもたせることにより、顧客が真に困っていること、不便を感じていることに気づいて、より優れた製品が開発できるのです。

歴史を見ても、**自利利他の心こそ品質向上の原動力である**と考えています（統合の智慧）。自転車をより速く便利にして社会を変えたいという思いからモーターを取り付けてオートバイが開発されました。繊維メーカーが自動車死亡事故をなくしたいという思いからシートベルトやエアバッグを開発しています。

問32　イノベーションや新商品の研究開発に当たり、大切なことは何ですか？

答　イノベーションは個人や組織の強烈な思いに基づいて5つの智慧を活用することによって生まれるものです。

イノベーションを産むためには、

・**鏡の智慧**により、物事の本質を把握し、先行研究・歴史・時代・時間の流れの中にアイディ

アを置いて考えてみる
・**平等の智慧**により、業界や市場の状況・トレンドを検討する、先行・類似商品や同業他社の商品と従来の自社商品の共通点を確認する
・**個別の智慧**により、イノベーションで生まれる新製品について、どれだけ他と差別化する力があるのかを検討する
・**行動の智慧**により、仮説を立てて検証することを重ねる。説明・説得・資金集め・人集めを行い、継続して進めるか中止するのかを判断する。
・**統合の智慧**により、企業哲学を基に事業・イノベーションや研究開発について、自利利他を実現するためのストーリーを描き、特に、現状（常識）と理想との違いを問いとして設定してそれを解決する方策を立てる。社員全員が共鳴する目標を設定し、経営者の強くて真摯な開発への思いと自利利他を実現させようとする願いが実現できるを組織を作る

というように、5つの智慧をフル活用する必要があります。

特に、リーダーが統合の智慧を発揮し、企業哲学やストーリーに基づき、研究開発に対する強い思いを社員に共有させ、共鳴させることが不可欠であり、これによって組織としてイノベーションを推し進めていけるものと考えています。この共鳴は、密教哲学における「入我我《にゅうがが》

入観《にゅうかん》」と同じといえます。対象になりきって対象の視点から考えるというものです。

なお、ニュートンは、リンゴが木から落ちるのを見たとき、リンゴの立場に立って考え、地球に引っ張られて落ちていくリンゴを実感し、万有引力を発見しています。イノベーションや研究開発の場面では、歴史上も共鳴や入我我入観が利用されてきたのです。

５つの智慧を活用し、世の中にもっと役に立つ研究をしたいという、**自利利他の強い思いを原動力として、経営者・リーダーが真摯にその思いを組織内で共有する**ことでチーム内にメンバー間での心遣い・配慮・共感が生まれ、一種の社会的家族が形成され、その生産性を最大にすることができます。こうして組織内にさまざまな経験・成果が蓄積され、ついに思いが実現することになります。その経験の過程で個人と組織が成長し、よりハイレベルな強い思いが共有され、イノベーションにつながっていきます。

問33　M&Aにおいて、密教哲学をどのように活かしたらいいでしょうか？

答　M&Aの際、売買対象となる企業価値を適正に評価することが重要なのはいうまでもありませんが、この点は経営学（MBA）でしっかり勉強するところですのでそこに譲り、本書では、密教哲学に基づく経営の観点から重視すべき点を指摘しますと、**買収後の企業経営がうまくいくことこそが最重要なのです。**

ところが、M&Aを成立させて不当に高い仲介料を取ることが一番の目的とされ、買収後の企業経営に関心がない仲介企業が目立っています。M&A後の新たな経営がうまくいかなければ、新企業は破綻し、ステークホルダーに迷惑をかけ、社会に害悪をまき散らすことにしかなりません。そこで、M&Aの成立にのみ囚われるのではなく、成立後にいかに新企業・新事業が成功するのかという観点に立ったM&Aを目的とし、その目的が達成されるために合理的な仲介料が定められるべきです。

そして、**シナジー（M&Aによって売却先の事業と購入先の事業との間で相互によい効果が生まれること）が一見して明らかであるM&Aは、M&A成立後の新企業・新事業が成功するとの見通しが立ちやすく、**自利利他が実現されて密教哲学に適うといえるでしょう。

他方、シナジーが明らかではない場合、買主が、売主よりもベターなオーナーであると評価できるのであれば、買主が新企業を経営していくことが社会的に有意義といえますので、密教哲学に沿ったM&Aであると理解しています。

ベター・オーナーかどうかは、密教哲学の5つの智慧を活用して判断できます。

即ち、鏡の智慧で、売主・買主それぞれをよく観察します。平等の智慧で、業界や市場のトレンドを検討します。個別の智慧で、売主と比較して買主の強み、特に買主が新企業を経営することのメリットを分析します。実行の智慧で、買主が新企業を運営して新事業を伸ばしていく力を把握します。統合の智慧で、これまでの各智慧による検討結果を総合し、買主の経営者が真摯に新企業の経営に取り組むことができるかどうか、買主による新たな組織力は従前の売主の組織力を上回っているかどうかなどを判断するのです。

こうした5つの智慧による分析・検討により、買主が売主よりもベター・オーナーであるかどうかが分かります。

問34　SDGsやESG投資と密教哲学は関係がありますか？

答　密教哲学の即身成仏に基づけば、人は仏であり、また、環境も仏であって、人も環境も、本質としては同じものを共有しています。人（経営者・企業人・顧客などのステークホルダーとしての人）の心が荒れると環境も荒廃するのですが、人の心が自利利他の心に満ちて穏やかであれば、人と環境が調和し、環境破壊や災害などは発生しないのです。

そこで、密教哲学に基づいて、自利利他の心で経営を行うときには、**環境への配慮なども行われる**こととなり、SDGsやESG投資の取り組みを積極的に行う企業経営が行われることとなります。

SDGsやESG投資で扱う環境は、「自分」を除いた他のものという語感がありますが、密教哲学でいう宇宙や自然という言葉は、「自分」も含むすべての存在を指しています。

最近は、「自分」以外の自然や人間を客体として捉え、主体の「自分」とは区別して扱う傾向があります。これに対し、密教哲学は、「自分」と、他人・自然・宇宙との間には分け隔てがなく、**自己と同質のものであると**捉えます。また、宇宙や自然は、「自分」を含むすべての存在であるとします。密教哲学の世界観に基づいて、ＳＤＧｓやＥＳＧ投資を検討するときには、（「自分」以外の環境を対象とすると考える場合と異なり）、**「自分」を含めたすべての存在がより良くなるようにという観点**から、即ち、自利と利他の合一という統合の智慧により、実施すべき社会貢献の内容が見えてくることとなります。

企業が行う社会貢献の方法として、ＢＳ（貸借対照表）面では社会に役立つ資産の購入・贈与・貸付、社会貢献のための投資（資本の部）、ＰＬ（損益計算書）面では社会貢献事業のための経費の支出や寄付・利益処分、経営者個人の報酬から社会貢献としての寄付が考えられますが、これらはいずれも資産・資本・利益の減少を伴うものですので、**企業がこれらを減少させてまで社会貢献を実施すべきなのか**、社会貢献が重要であるとしてもどの程度実施してよいのかが問題となり、この問題解決の指針を示すのは困難です（例えば、**社会貢献のために企業のお金を使うくらいなら給料を上げてほしいという従業員は多いのではないでしょうか**）。

他方、社会貢献がＰＬ面の売上につながるのであればこうした問題は起こらず、どれだけでも実施することができます。つまり、密教哲学に基づき、売上（自利）を上げることで社会貢献（利他）につながる、**自利の利と利他の利を融合させるビジネス**を行うのであれば、いくらでも進めてよいのです。

第3章◉
経営者の判断を惑わす三毒とその処方箋

問35　働いていると、いろんなことで怒りが湧いてきます。どうしたらいいですか？

答　働いていると、怒りが常にこみ上げてくるという経営者・企業人の話をよく聞きます。怒りは、相手に対する感情表現であり、売上が上がらない、顧客が思い通りに購入してくれない、上司や部下の態度が気に入らないというように、思い通りにならないときに、怒りが生じます（このとき脳で怒りを司るのは扁桃体であり、交感神経系からノルアドレナリンを分泌させるなど脳内物質を放出させます）。

原始仏教以来、**怒りは「三毒」といわれる煩悩の一つで、貪瞋痴《とんじんち》を原因としている**と整理されています。「貪」は、貪《むさぼ》りの心で人よりもたくさん欲しい、人の物でも欲しいという気持ち、「瞋」は、怒りの心で、絶対に許せないとか仕返しをしてやるという気持ち、「痴」は、無智であり、真実を知らない心、真実を知ろうとしない心で、いい加減な情報や嘘、デマなどの情報に振り回されて正しい判断ができない状態のことです。貪瞋痴を原因とする怒りの感情は煩悩そのものであり、次々と湧いてくるものです。そこで、原始仏教では、怒りは消し去るべきものとされ（止滅型）、不瞋恚《ふしんに》、即ち腹を立ててはいけない、自分を見失ってはいけないという規律があります（瞑想の際、今度怒りの対象が発生したとき、怒らないように受け流すための心の動線を作るように心がけます）。

密教哲学では、**怒り（小欲）は人間が向上心をもつための大切なエネルギー**であり、それを滅するのではなく、小欲を大欲に育て上げるよう求めています（促進型）。例えば、ビジネスの世界で負けた者にとっては、負けて悔しいからこそ、勝って喜ぶ相手に怒りがこみ上げてきて、今度こそ負けるもんかという向上心につながり、その心を、自社の利益だけでなく他者や社会への貢献へと育てていくのです。

密教の仏・毘沙門天は、怒りの煩悩の象徴である邪鬼を踏むことによって怒りを抑え、その怒りのエネルギーを悟りのエネルギーに変えることを説いています。次々と湧いて滅することができない怒りに対しては、それを小欲のままにして、喧嘩の原因とするのではなく、毘沙門天のように、**怒りを正しい仕事のエネルギーに変え**、自分のため、相手のため、社会のためになる行動力を産み出すのです。これが大欲、即ち慈悲心に基づいて自利利他を実現することなのです。

怒りを大欲に育てるため、密教哲学における5つの智慧を活用します（瞑想の際は、真言や月輪観などにより脳機能を活性化させ、すっきりした頭で、5つの智慧を使うのです）。

鏡の智慧で、正確に自分と相手を映し出すことが最重要です。心が燃えて冷静さがなくなり、自分を見失ってしまうことで、正しい判断ができなくなっていますので、鏡の智慧により、**心を静めて正しく自己と相手を見つめ**、**冷静さを保つ**ことで、正しく真実を見極めることができ、怒りは収まっていきます。脳科学の観点からは、鏡の智慧を司ると考えられる前頭前野を活用することで、怒っている扁桃体を鎮めるのです。脳科学や心理学を修得することで、怒ったときの自分の脳や心理がどうなっているのかが自ら理解できますので、怒った脳や心を鎮める方策が取れます（鏡の智慧）。

平等の智慧で、当該案件が通常どのように処理されるのかを見ておきます。当社や相手方の対応が、常態・平均・水準からどの程度離れているのか、同じレベルなのかを見るのです。

個別の智慧では、問題が生じた原因や経緯について、**自社と相手方をそれぞれ現場レベルで細かく分析**します。

行動の智慧では、怒りの原因となった問題への**対処の在り方**を見定めることとなります。相手方に対して適切な攻撃・反撃をするのか、謝罪・和解をするのか、いかに自社内や相手方に説明・説得をするのかということがポイントになります。

統合の智慧は、これまでのすべての智慧による検討結果を総合し、**最終的に対処内容を決めて真摯に実施**します。怒りが生じたのは、現状と理想の差によるものですので、その差に関する問いを導き出し、その問いに対応するための組織やリーダーシップの在り方を検討したうえで、真摯に対応していくのです。

まとめると、まず、怒りの対象として物事が発生したときに、①怒るか怒らないかということがあり、**止滅型の原始仏教では**、怒らないようにするために、普段の瞑想において心の動線を作っておくのです。次に、②怒ったときにどうするのかというレベルにおいて、**小欲を大欲に育てるように求めているのが密教哲学**です。①も②も大事ですが、あえて言えば、①だけの場合、自利とともに社会貢献を行う原動力がなくなってしまい、②によって自利利他が実現できるので、人生において自利利他を推進していくことができる間や企業経営の場面では②が推奨されるべきです。

なお、怒りの原因となった部下を叱らずに大目にみることばかりを繰り返していたような場合、「増上慢」という、部下が増長した状態となり、叱らない上司を軽視し、顧客の信用も失って、結局、経営が傾くことになりかねませんので、部下に対する慈愛の気持ちを抱いた状態で、部下を叱ることが大事です。

問36　貪瞋痴はどこから生じるのでしょうか。

答　「貪《とん》」（むさぼり）は、脳内のドーパミンに関わる神経系とエンドルフィンなどに関わる神経系の2つが産み出しています。

子孫繁栄につながるものを取り入れ、そうでないものを避けるため、進化の過程で整備されてきたドーパミンに関わる神経系では、過去に報酬と結びついていた物事（かつての顧客からメールを受け取った場合）や将来報酬が得られるかもしれない物事（新たに顧客となる可能性のある者から連絡を受けた場合）に遭遇するとドーパミンが放出され、報酬を得るために行動しようとします。

大脳の両半球をつないで脳梁《のうりょう》を取り巻く帯状皮質は、期待した報酬が得られているかどうか判断し、期待どおりなら、ドーパミンのレベルを高いまま安定させ、期待どおりでなければドーパミンのレベルを下げる信号を出して不快感を生じさせ、ドーパミンのレベルを回復するような新たな報酬につながる状況を求めます。

エンドルフィン、オキシトシンなどの**快楽の脳内物質がシナプスで神経回路を強化**し、報酬の契機となったものを基に、その報酬を再び追うように促します。

この2つの神経系が「貪」を生んでおり、これらの神経系に任せたままでは必ず不満が生じます。というのも、そもそも強い希望を抱くこと自体を不快に思うこともあるでしょうし、欲しいものが得られないと落ち込み、手にした報酬が大きくなければ満足できませんし、高い報酬が得られてもコストが大きすぎればがっかりし、コストを超える報酬が得られてもそれは長続きせず終わりがきたときに不愉快になるためです。

次に、「瞋《じん》」（怒り）について説明します。脳は危険を避けるために進化してきました。祖先は他の動物の餌食にならないよう、休息しているときの脳の標準モードでは、外部環境を探知して脅威がないかを調べて警戒心を抱き続けており、扁桃体によってネガティブな情報（例えば相手の恐怖に満ちた表情）を素早く把握し、危険と判断したものの情報を海馬が保管しています。脳にはネガティブな先入観（判断モード）が組み込まれ、**怒りなどの不快な感情を強化**しており、これが、貪瞋痴の「瞋」（怒り）といわれるものです。脳は、過去の失敗を再三思い起こし、苦しみと神経のつながりを強化し、現在の能力を見下し、将来の心配事や脅威を予測して障害を誇張する上、性格・行動・可能性についての不公平な評価を下そうとするモードが組み込まれているのです。このモードのおかげで危険を避けて進化できたのですが、「瞋」（怒り）を産み出すことにもつながっているのです。

最後に「痴《ち》」（無知）について説明します。貪りや瞋《いか》りを抑えるには、常に脳に組み込まれたモードによる評価を改めなければならず、進化で組み込まれた脳機能の動きに対抗する必要があります。その手段として、私たちが大宇宙と一体であることを感じ、自己の中に仏性を自覚するとともに、**貪りや瞋りという小欲を大欲に育て上げる**ように脳を意識的に働かせていくことを志向するのであり、これが悟りの状態です。他者を思いやり、他者からの慈しみを受けているという感情は、脳内でオキシトシンを分泌させ、脳の愛着モードを活性化させ、一層、他者と自らを思いやることとなります。こうした脳の在り方と心の働かせ方について無知であることが、貪瞋痴の「痴」（無知）といわれるものです。

問37　心に生じた貪瞋痴を断ち切るにはどうしたらいいでしょうか？

答　経営や生活において脳内で貪瞋痴が生じてしまったことを第一の銃撃とすると、それに反応してこちらから撃つという第二の銃撃によって自らが一層苦しむことになります。例えば、職場でうまくいかないことがあったとき、うまくいかないことによる不快感という第一の銃撃を受けた後で、脳（前頭前野皮質）に委ねておくと、うまくいかない仕事は誰の責任だなどと怒りの銃撃（第二の銃撃）を行ってしまい、周囲から一層の反発を受けるなどの悪循環を生むことになってしまいます。第一の銃撃の経緯について十分に検討したうえで、こちらが第二の銃撃をするかどうかを判断しなければなりません。安易に第一の銃撃を他者のせいにしてこちらから第二の銃撃をしたところ、その判断が間違っていたことが後で判明したときに取り返しがつきません。

自己の脳には安易に他者のせいにして第二の銃撃をしてしまう傾向があることを知ったうえで、密教哲学の５つの智慧を使って、よく経緯を分析して第二の銃撃を行う利害得失を勘案する必要があるのです。例えば、第一の銃撃について、実は何でもなかった、銃撃の被害はなかったと整理できれば（鏡の智慧）、悪循環から逃れることができます。貪りから物事がこうあってほしいと思い、うまくいかなかったことで銃撃を受けたものと瞋り、「痴」（無知）に基づく妄想により、すべてが自分に向けられた所業と思い込んでいるに過ぎないと理解できるなら第二の銃撃は不要です。

ストレスの多い企業経営で、貪瞋痴によって自ら起こす第二の銃撃は、交感神経系や副腎皮質系のシステムを刺激して慢性的な興奮状態となって障害を起こし、扁桃体が活性化しているのに海馬は疲弊して経験が正確に記憶されず歪曲され、セロトニンやドーパミンが減少し、うつ病になったり、免疫力低下による感染症になる可能性が高まるといわれています。そこで、**瞑想によって自心における仏性を自覚**し、最初の銃撃について反応せず、第二の銃撃をこちらから引き起こさないことにより、苦しみの連鎖を断ち切らなければならないのです。

また、貪瞋痴を断ち切るため、悪意・敵意・恨み・嫉妬という小欲を大欲に育てる必要があります。それらを煩悩という小欲のレベルに止めておかない方法として、それらが私たち自身を苦しめるものであることを自覚します。心臓の血管へのリスクを高めることが知られていて、確実に私たちに害をもたらすのですが、他者には何の効果もありません。それらを小欲として自心に止めておくというのは、まるで、毒入りの酒を飲むのは自分なのに、飲んでいない他者に毒の効果が生じて死ぬのを待つとでも表現すべき、きわめて理不尽なことであると自覚しなければならないのです。

そして、自らを含めてすべてが「空」であること、即ち、すべてがあらゆるものとの関係の中で存在することを自覚し、己という感覚を和らげることにより、相手から傷つけられる自己や、相手と比較する自己というものが、まったく独立した形で存在しているという誤った理解を捨てることができます。そして、悪意などを抱いている相手に対し、例えば、**許すことによって、新たな良い関係を構築していくことを目指すべき**なのです。ここでの許すとは、相手から受けたことへの感情的な高ぶりを捨て、新しい関係を志向するという意味です。

問38　線香の徳とは？

答　線香に対しては、**直立して熱いため自利利他の情熱をもって一本筋が通った経営**ができるように、良い香りで休みなく燃えるためいつも気持ちよく働けるように、灰になるため恩に着せずに忘れるように、という願いを込めます。

　また、線香の本数については、1本であれば一心不乱に経営に努めることを、2本であれば真面目にしっかり働くことを、**3本であれば貪瞋痴の三毒を焼くことを**、それぞれ示すものと考えられています。

　そして、11世紀の北宋の詩人・黄庭堅《こうていけん》が作り、臨済宗の僧・一休宗純《いっきゅうそうじゅん》が我が国に紹介した「香の十徳」があります。その内容は、

①感格鬼神《かんかくきじん》——感覚が鬼神のように研ぎ澄まされ集中できます。

②清浄心身《しょうじょうしんじん》――心身を清浄にします。
③能除汚穢《のうじょおえ》――けがれや汚れを除きます。
④能覚睡眠《のうかくすいみん》――眠気を誘ったり、目覚めさせてくれます。
⑤静中成友《せいちゅうじょうゆう》――孤独な時に心を癒やしてくれます。
⑥塵裡偸閑《じんりゆかん》――忙しい時にくつろぎを与えてくれます。
⑦多而不厭《たじふえん》――多くても邪魔になりません。
⑧寡而為足《かにいそく》――少なくても芳香を放ちます。
⑨久蔵不朽《きゅうぞうふきゅう》――長期間保存しても傷みません。
⑩常用無障《じょうようむしょう》――常用しても害がありません。

というものです。現代まで受け継がれる香の感覚と効用をわずか40字で端的に格調高く表した素晴らしい詩文です。

問39　リーダーに役立つ密教哲学をさらに詳しく教えてください。

答　原始仏教以来、三毒とされた「貪瞋痴の克服」が経営者の課題です。

貪欲は、貪りの心、自分だけがうまくやろうとする心であって、経営者の財欲・名誉欲のほか食欲・睡眠欲・性欲の五欲です。密教哲学に基づき、自社の利益が他社や社会の利益につながるよう、自利利他の心で経営を行うことにより、私利私欲が社会のための利益、即ち、大欲に育っていきます。

2つ目の瞋恚《しんに》ですが、**「瞋」は欲深い人の怒り、「恚」は嫉妬による恨み**です。社員がみな経営者の思い通りに成果を上げるものではないのに怒るのでは誰もついていかなくなります。怒りや妬みの心を抱くのは当然で、それを滅することはできませんが、自利利他のための怒りに変え、社会正義を実現するための原動力という大欲に育てていくのです。

3つ目の痴は、疒《やまいだれ》に知と書くとおり、**知恵が病気にかかって真実が分からないこと**を指します。経営者は、瞑想と5つの智慧により、自心の仏性を自覚して小欲を大欲に育てなければならないのに、これらについて無知であれば真相とは異なる愚痴を言ってしまうのです。

密教哲学を修得した経営者・リーダーは、「随所に主となる」（所に随《したが》ってその主人となる）と考えられています。リーダーは密教哲学により自心の仏性を自覚し発揮することにより、どんなに苦しくても、悪い環境の中でも、他人や他のもののせいにせず、不平をいわず、仕事を懸命に楽しくやっていくことができるのであり、これが仏としての経営におけるリーダーシップです。

リーダーは自らが密教哲学を修得するだけでなく、社員らにも密教哲学の重要性を説明し、それらの観点を身につけさせる必要があります。その際の効果的な方法として、リーダーから密教哲学の内容自体を説明するだけでなく、**リーダーと社員らそれぞれが、自らに、企業に、また相手に対する問いを考え、互いに問いかけを繰り返す**というものがあります。この問いの力量や問いの内容は、密教哲学の実践から導かれるものであり、密教哲学に基づく企業哲学をブラッシュアップしていくことで、それに基づく経営戦略や組織論などのレベルが上がっていき、素晴らしい経営や事業につながります。

リーダーに関わりの深い仏は不動明王です。不動明王には、厳しい現実世界で人々を導く役割が与えられており、経営者・リーダーもそうあるべきです。明王とは力の王者であり、仏の中心である如来の力の側面の象徴とされています。大日経によれば、密教を信仰して実践する者を守る役割を与えられています。守る際に身代わりになってくれるという身代わり不動が一般に普及し、不動明王が私たちの代わりに縛られて地獄に行くとされ、不動明王は昔から人気が高いです。

現世的なご利益があるのは毘沙門天で財宝神グループの中枢です。もとは古代インドの神であり、インドの神話では、苦行が認められて、北方世界の守護神として財宝の主となりました。現在でも京都の東寺には、唐代の毘沙門天像があります。

問40　経営者自身や社員が落ち込んでいるときどうしたらいいですか。

答　経営者が落ち込めば経営はうまくいきませんし、社員が落ち込めば離職・転職につながります。また、**自社の売上にとって最重要であるリピーター顧客は、品質とともに、社内の雰囲気、社員らの言動に敏感であり**、経営者や社員が落ち込んだ暗い企業からはリピーター顧客は離れてしまいます。

例えば、私が時折訪れるランチがおいしい和食店があるのですが、厨房を仕切る社員の言動が荒く、他の社員がびくびくしたり、落ち込んでいて雰囲気が悪いため、いつも空いています。社内を明るい雰囲気に保ってどの社員も輝くようにしてあげることこそ、顧客を惹きつけることにつながり、仏としての経営にとって最重要なことです。

落ち込む気持ちは、求めているものや理想と現実との違いから生まれますが、こうした負の感情を防ぐのは本当に難しいですね。自利利他の心で経営し、**働くことが生きがいであると自覚することで負の感情を防ぐ**ことができないでしょうか。自社の利益追求が社会のためにつながることに大きな意義を感じて理想に近づき、自らがやっていることを受け容れることができるはずです。この受容の後も、自らの仏性を、また周囲の人々の仏性をさらに輝かせ、引き続き事態の改善に努めるべきであり、落ち込んで自らを憐れんだり非難する必要はありません。

和文化を経営に活かす研究をしていますが、有名な短歌に、石川啄木の「一握の砂」にある

「友がみな　我より偉く見ゆる日よ　花を買い来て　妻としたしむ」があります。

これは、友が我より先に偉くなったという状況ではなく、自分のほうが落ち込んだので友が偉く見えている状況と解されています（この花は白百合とのことです）。自分が落ち込んだことで、偉く見える知り合いを妬んだり、嫉妬するのではなく、適切な瞑想により自利利他の心をあらためて自覚し、負の感情を防ぎながら、経営・事業を営んでいくべきです。

ところで、華道は、聖徳太子と縁がある京都の六角堂において、僧侶が仏のために花を飾っていたところ、それが素晴らしかったことが起源となっており、その場所が池のほとりであったので、それが「池坊」という家元の名称の由来になっています。**仏を敬う心が、我が国最古で最大の家元を産み出しています。**それを思えば、心ひとつで（落ち込む負の感情を防ぎ）企業が長生きするはずです。

【もっと密教哲学を知りたい読者のために③】

密教哲学において、私たちは大日如来と同質なのです（即身成仏）。大日如来には、あらゆるものが本来もっている特性を発揮させて一切の仕事を完成させる慈悲心を有しているという特性があります。そこで、私たちにも、同じ本質、こうした絶対的な価値があるのです。このように、大日如来という大きな存在とつながっていることを自覚することにより、私たち自身が潜在的にもっている力（自らを癒す力、自然治癒力）を活用して落ち込んでいる自らを乗り越えていくのです。

この哲学は、私たちの根源的な欲求と合致しています。人間を物質が集まったものに過ぎず、孤立した個体と捉えると、孤独感に苛《さいな》まれ、煩悩による快楽・虚しさ・絶望しか味わえず、生きている意味が分からずに落ち込んでしまうことになります。

そうならないよう、私たちには個を超えた大きな存在とのつながりを求め、**生きていくことの意味をそのつながりの中に見出そうとする根源的な欲求**があります。

密教哲学に基づいて、大宇宙・大日如来とつながって、万物との関係性の中で守られていると自覚し、自心の仏性（自利利他の心）を発揮した生活・経営をすることで、**世の中のためになり、他者から共感を得ているという実感**こそが、私たちの根源的な欲求を充足し、落ち込んだ状態から立ち直らせるものと考えています。

問41　経営者の驕《おご》り、生活の乱れ、異性問題は、どう考えたらいいでしょうか？

答　原始仏教以来、自分の願いだけがかなえばよいというわがままな心（我欲、煩悩、小欲）から脱却するため八正道《はっしょうどう》が説かれました。「正」とは道理にかなっているという意味です。

八正道とは、①正見《しょうけん》（正しく物事を見る）、②正思惟《しょうしゆい》（正しい考え方）、③正語《しょうご》（正しい言葉）、④正業《しょうごう》・正行《しょうぎょう》（正しい行い）、⑤正命《しょうみょう》（正しい生活）、⑥正精進《しょうしょうじん》（正しく努め励む）、⑦正念《しょうねん》（正しく物事を記憶し正しい信念をもつ）、⑧正定《しょうじょう》（正しく落ち着いた心）のことであり、我欲を離れて心豊かな生活をするための道とされてきました。この釈尊の教えを忠実に守って生きることは素晴らしいことです。ただ、この中で煩悩を止滅させようとするところは現代の経営には合わないと考えています。

促進型である密教哲学では「煩悩即菩提」です。つまり、情欲や愛欲を煩悩であるとして滅失すべきというのでは企業経営に向きませんし、社会の永続的繁栄はあり得ません。こうした欲望は不可欠なものであり、5つの智慧を活用して小欲を大欲にまで引き上げて、仏の慈悲と呼べるものにしていく、それが密教哲学に沿った生き方・経営なのです。例えば、密教の仏である愛染明王《あいぜんみょうおう》は、愛欲の煩悩を大欲に引き上げようとする仏です。

これは、驕りや生活の乱れとは真逆の生き方です。運が向いて業績が伸び幸せが続くと、あたかも経営者として先見性があったかのように思い込み、威張り散らすなど傲慢な態度を取り、逆に禍《わざわい》が訪れて業績が落ち貧乏になるといやしくなったり媚びへつらいますが、これを**有碍**《うげ》と呼びます。「碍」は妨げるという意味であり、小欲を大欲に育てることができず、煩悩が生活や経営を妨げているのです。

これに対し、**無碍**《むげ》の経営者は、どれだけ業績が伸びて収入が多くなっても、奢らず、謙遜しながら社会貢献を行い、そのうち禍がやってくることを覚悟して一層自利利他の心を磨きます。業績が落ち込んでも卑しくなることはなく、次の幸せをつかむためにますます努力し、小欲を大欲に育て続けようとするのです。

密教哲学における道理にかなった生き方、経営方法とは、5つの智慧を活用して、小欲を大欲に育てる生き方や経営であり、これを続けていくことで、驕ることも、生活が乱れることも減っていくはずです。

問42　女性リーダーが陥りやすい自虐症候群（インポスター）への対処法は？

答　自虐症候群は、女性経営者・リーダーへのインタビュー調査において、**多くの女性経営者・リーダーが自らを賞賛に値しないと考えていることが判明して有名になりました。**この原因は、リーダーへの世間の期待と自らに課すハードルが高いからと考えられます。その反動で、ネガティブな思考となり、自分は経営者・リーダーとなったけれど本当は仕事ができないといった考えに囚われることにあると考えられています。

この解決策として、仏インシアード経営大学院教授のナラヤン・パント氏は、ネガティブ思考に対し、まず自分を見つめ、自分が何を恐れていて、なぜそうした思考を抱いたのかを分析し、それが実体のないただの思考に過ぎないと気づき、今やっていることに集中するよう指導しています。

脳科学の観点からいえば、私たちの脳には、ネガティブ思考に陥るモードが存在し、ネガティブバイアスと呼ばれ、誰でもネガティブな思考に囚われる可能性があります。そこで、自虐の心をいかに対処するかが問題となります。

パント氏の指導内容のうち、**ネガティブ思考に実体がないというのは、まさに「空」の考えそのもの**、特に煩悩を止滅させようとする哲学からの理解であり、この意味での「空」であるという哲学に基づいてネガティブ思考に囚われないという生き方も可能です。

小欲を大欲に育てようとする促進型による「空」概念に基づけば、大宇宙のすべてのものとの関係性を重視しますので、ネガティブ思考に囚われることなく、その思考の対象となっているものと良い関係性を築くように努めるべきということになります。

そして、バント氏による今していることに集中せよとの指導は、密教哲学において、本質を捉え、戯論《けろん》に陥らないようにする教えと同じ趣旨であるといえます。即ち、脳はどんどん戯論を展開していってしまいますので、密教哲学に基づく瞑想により、本質のみを捉え、戯論を考えないようにする必要があるのです。

問43　企業の不正の抑止のために、密教哲学を利用できますか？

答　これまで多数の企業不正を研究してきました。不正発覚後の企業内部において、問題点の調査をしたり、第三者委員会に参画しました。これらの経験を踏まえ、企業不正の原因については、通常、第三者委員会における調査の観点として定着し、**不正のトライアングルと呼ばれる「動機」、「機会」、「正当化事由」の3点から分析すること**が妥当と考えています。

「動機」は、不正行為者自身の欲のためと組織のために分けられます。社員の欲のための例としては、社員がお金欲しさから企業の資金を横領するとか、経営者が自己の利益のために背任に及ぶというケースがあります。密教哲学を活用して、行為者の欲を不正を行う小欲から他者の利益や社会貢献のための大欲に育てることができれば、行為者自身の欲による不正はなくなるはずです。また、組織のためであっても不正は許されません。

例えば、検査不正は企業内で決めた水準に製品の品質が届いていないのに、顧客にはバレないから、社内のノルマを達成するために検査を通過させてしまうケースです。たとえ企業のためという動機であっても、顧客に品質の劣る商品を提供するわけですから許されないのです。これも、自社の利益を図るという小欲を、顧客や社会全体の利益を図るという大欲に育てることができれば、ノルマ達成のため問題点を看過・無視する不正の意欲はなくなります。

「機会」に関しては、ある社員だけが企業の資金を運営していて社内のチェック体制が弱く、横領ができる状況であって発覚しにくいという事案がありました。監視体制強化はもちろん必要ですが、完全な監視は困難です。社員自身に、小欲を大欲に育てる意思があれば、不正の機会があったとしても、小欲に溺れて不正をするのではなく、大欲を実現しようとするでしょう。

「正当化事由」は、例えば、横領した社員には残業代が一部しか支払われていなかったので企業から本来もらうべき額を横領したに過ぎないというように、自己の犯罪行為を自分勝手に正当化しようする際の理由に当たる事柄です。小欲の穴埋めに過ぎませんから、社員に大欲を抱かせることで、このように誤った正当化をしないようになるはずです。

小欲（自利）を通じて大欲（利他）を実現することが推進されれば、不正のための動機・機会・正当化事由が認められる状態であっても、不正を行って自利を得たのでは利他につながりませんから、不正を行わなくなるのです。

以上のとおり、動機・機会・正当化事由が生じないよう、密教哲学（5つの智慧）に基づいて企業内を整えていくことが重要です。会社法の要請により、コーポレートガバナンスとして、内部統制システムの整備が求められていますが、形だけ整えれば不正防止の効果が上がるものではありません。**内部統制システムの整備と運営に当たって、密教哲学をぜひ活用してください。**例えば、その整備において不可欠な社員研修で小欲を大欲に育てるように社員を指導することで不正の動機を抱くことがなくなり、小欲から大欲を実現するための組織作りや監督体制の整備によって不正の機会がなくなります。こうした一連の取り組みによって小欲のための正当化事由も認められなくなります。

これまでの研究結果から、企業内で新たな事業・新ビジネスモデルを実施しようというときには不正が行われやすい傾向にあります。新たな事業などを行うとき、先ほどの動機・機会・正当化事由が発生しやすいからです。新たな事業などを行う際には、不正が行われないよう、**5つの智慧に基づいて、社内で一層厳正に監視・監督する**ことをおすすめします。

第4章◉

経営のピンチを救う密教哲学のさらなる教え

問44　企業設立時に密教哲学をどう利用したらいいですか？　定款作成上の留意点は？

答　起業の際、最初に作成するのは定款であり、企業を飛躍させるための重要事項を決めて作成することとなります。

他者にアピールするポイントとして、何よりも社名が重要です。自社の企業哲学を端的に示す社名にしてはいかがでしょうか。起業が軌道に乗れば、社名を商標登録することが考えられますので、**登録商標になじむ社名**であることについて起業前から留意して社名を決めてください。

社名の次に、企業の目的欄があります。簡潔に企業の目的を書くところですが、企業としてやるべきこと、やりたいことを漏れなく記載しましょう。

企業の目的欄の次に、企業哲学・経営理念の欄を設けて、しっかり記載してみてください。

世間に出回っている定款のひな型には企業哲学・経営理念の欄がありません。定款は企業の憲法ですから、定款に企業哲学・経営理念を明記することにより、定款より下位の規程（取締役会規程など）の内容や役員・従業員の業務の在り方などの拠り所になるのです。定款に企業哲学・経営理念を記載する際には、自社が取り組む社会課題の内容、対象者（セグメント）、エリアなどを明快に書いてはいかがでしょうか。ステークホルダーにとって身近で共感できる課題の解決が当社の企業哲学であると示せれば、共鳴してくれる顧客への売上増加や共感を得た金融機関の支援による資金繰りにつながります。多くのステークホルダーが定款の企業哲学・経営理念に賛同してくれれば、その支援やご縁は金銭評価できない無形資産を増やすことにつながります（ご縁を増やしていくことを積善の業と呼びます）。

問45 共感経営とは？

答 私は密教哲学を踏まえ、経営者の自利利他の心により、**従業員や顧客らとの共感が生まれ、「共感経営」ができる**ものと考えています。共感には情動的共感（赤ちゃんを見たときのように無意識に伝わる）と認知的共感（ストーリーを認知することで共鳴）があり、脳の活動部位も異なっています（前者では前頭前野内側部など、後者では島皮質前部など）。情動的共感と認知的共感を顧客に呼び起こすことがマーケティングにおいて重要です。また、脳の前頭葉に存在するミラーニューロンは、他者をまねたり、理解したり、共感する役割を果たしており、経営者の自利利他の心に対し、従業員や顧客のミラーニューロンが反応して、社内外での共感が生まれるのです。

ここで、自社の顧客について定着率を上げるための方策の例についてご紹介します。

顧客（候補を含む）について、セグメントを、

・自社を知らない
・知っているが、これまで利用していない
・利用していたがやめた
・利用を継続しているが頻度が少ない
・よく利用してくれる

に分けて、各セグメントに合わせて顧客を新たに獲得したり、すでにいる顧客との取引を維持する方策を検討するという方法です。

共感経営が最もうまくいくのは一番最後のセグメントである「よく利用してくれる」顧客です。というのも、このセグメントは、すでに、自社についての理解があって利用を継続してくれているため、一層の共感を得て、もっと強固なファンにし、利用頻度をもっと増やして、最強のリピーター客にすることが課題です。

また、「利用を継続しているが頻度が少ない」客についても課題は同じであり、さらなる共感を得て利用頻度を増やす必要があります。

「自社を知らない」とか、「知っているがこれまで利用していない」人々については、まだまだ顧客と呼べない段階です。自社への共感を呼び起こす前に、自社の存在を知らせ、自社を利用する意味を伝える必要があります。ここで、価格が安いからという理由で自社を選ばせると、他社との不毛な価格引き下げ競争に陥ってしまいますので、価格は維持したまま、いかに自社を選ばせるかが大切です。つまり、差別化を図る必要があるのです。

最も経営者として意識しなければならないのは、「利用していたがやめた」という客です。これは、自社への共感がなくなったわけですから、なぜそうなったのか、経営者自身がこの客に連絡を取ってその理由をうまく把握し、今後の共感経営に活用しなければなりません。「利用していたがやめた」客は、なかなかやめた本当の理由をいってくれませんし、社員からアプローチすることが難しくて面倒なので、経営者自らが「利用していたがやめた」理由を真摯に分析しなければなりません（統合の智慧）。

脳科学の観点から見ると、「利用していたがやめた」人々は、予想より自社から得られるものが少なくなってドーパミンが分泌しなくなったのです。もっと自社に共感してもらい、いつまでも期待し、わくわくし続けてくれる、そんなリピーター客を維持し、増やしていく必要があるのです。

問46　人財マネジメントはどうしたらいいでしょうか？

答　脳科学の研究によれば、人間の進化の過程で、ネガティブ情報に迅速・的確に反応した者が生き残ってきたため、脳は損害が少ない選択肢を選び、ネガティブな刺激に集中してしまうという「ネガティブ優先のバイアス」が働いています。ネガティブな情報が多く存在しているうえ、人間は他者のポジティブな情動よりネガティブな情動を読み取るほうが得意なのです。こうして脳におけるネガティブ優先のバイアスにより、気分や他者に対する印象の抱き方が左右され、判断にも影響を与えています。

例えば、経営者であれば、社員のマイナス面を見て見限ってしまうというわけです。これに対し、歴史上、例えば武田信玄の人財マネジメントの特徴として、部下を見限るのではなく見続けるということが指摘されています。何度ミスした家臣であっても見限らなかったというエピソードが多数ありますし、徳川家康も辛抱強く家臣団を育成したことで有名です。

人間は共感・共鳴し、無意識での物まねをしますが、これは、脳内のミラーニューロン（相手の行動を自分がまねする神経細胞）が発動し、相手の行為を見ると、その行為を脳内で行い、その行動の意味を直感的に理解するというものです。人間は、他人と共同作業をするとき、相手のやり方に合わせることができ、その結果、相互に好きになってやり取りが円滑になり、共感からオキシトシンが分泌され、共鳴による利他行動がなされるようになり、利他を産む集団としてより多くの成果を上げるので繁栄するのです。4人で行うゴルフでも、互いにプレーを褒め合う関係であれば、ミラーニューロンが発動し、オキシトシンが分泌され、素晴らしいチームとしていい結果につながります。これに対し、相手のミスを願う関係であれば、ミスが連鎖して自分もミスをすることになるのです。

大学と企業が連携した研究において、量販店の店員やコールセンターのオペレーターの受注率を調査したところ、**受注率の高低に影響を与えていたのは、店員の性別・キャリア・スキル（説明のうまい下手）ではなく、店員のその日の幸福度**でした。これは、店員の幸福度によって、顧客のミラーニューロンが発動し、オキシトシンが分泌されたと考えられます。そして、店員の幸福度の要因は、管理者のアドバイスや励まし、店員相互の円滑なコミュニケーションというものでした。

「ネガティブ優先のバイアス」から励ましへとあなたは変われますか。

問47　経営者である親の跡を継ぎましたが自信がありません。

答　原始仏教では、原因と結果を総称して「業《ごう》」と呼んでおり、立派な経営者を親として自らが生まれてきたのは、「宿業《しゅくごう》、即ち現世での応報を招く原因をいう）」であって、これは自分でどうすることもできないものと考えられてきました。

これからの経営については、後継者が自分の意思でどのようにでも行うことができ、これは「身業《しんごう》」、即ち身体で表すすべての行為といわれてきました。そこで、原始仏教の考え方に依る場合であっても、宿業に思い煩うことなく、身業を一生懸命やっていけばいいのです。その際、5つの智慧を活用してください。

宿業の中には、自分も先代と同じように経営者としての魅力があるとか（平等の智慧）、能力が高く人望があるなど（個別の智慧）、今後も活かせるものがたくさんあるはずです（鏡の智慧）。利用できる宿業については最大限利用し（実行の智慧）、そして各智慧による分析結果を自らの身業において真摯に活かしていけばいいのです（統合の智慧）。こうして5つの智慧を活用し、先代からの宿業を利用することで、引き継いだ経営が上向いていけば、次第に自信もついてきます。

問48　経営者・企業人として、頭が良くなりたいのですが？

答　まず、記憶を良くするには、密教哲学の実践方法の一つとして、**虚空蔵求聞持法**《こくうぞうぐもんじほう》があります。空海は20歳の頃に行い、密教哲学を極めるきっかけとなり、後の時代には日蓮上人も虚空蔵求聞持法を実践されました。

虚空蔵菩薩は、全宇宙に広く福徳と智慧を蔵置する仏です。虚空蔵求聞持法とは、虚空蔵菩薩の画像の前で、

「のうぼう　あきゃしゃ　きゃらばや　おん　ありきゃまりぼり　そわか」

という、虚空蔵菩薩の真言《しんごん》陀羅尼《だらに》の読誦を続けます。空海の場合は、口内に明星が飛び込むような体験をし、虚空蔵求聞持法を成就したという伝説があります。

脳内には、短期記憶は海馬にあり、作動記憶は大脳皮質の前頭前野にあり、いずれも推理や計算などをする際に使います。この短期記憶や作動記憶を長期記憶として大脳皮質に刻むことで忘れなくなります。**虚空蔵求聞持法は、短期記憶や作動記憶を長期記憶に移していく手法**と考えられますが、ふさわしい師の指導を受けながらの実践をおすすめします。

また、**空海の「性霊集《しょうりょうしゅう》」では、五眼《ごげん》を重視**しています。五眼は、経営者や企業人にとって大変重要なもので、これらを修得することで、頭脳の切れ味が抜群に優れたものになっていくといわれています。五眼の内容ですが、

①肉眼は、私たちの視覚であって目先のことしか見えず、煩悩に囚われています。

②天眼は、宇宙の視点から、安定した落ち着いた眼で広く、遠くまで見るものです（なお、もともと「遠慮」とは、天眼が開けて遠くを考えることを指していました）。

③慧眼は、智慧の眼であり、これまでに説明している5つの智慧のことです。

④法眼は、ものの道理や本質を見通す眼のことであり、物事の正邪を理解します。

⑤仏眼は、すべてを慈しむ他利の眼のことです。

問49　経営がうまくいかないとき、密教哲学はどのように役立ちますか？

答　**本質と戯論《けろん》を分けて本質を見つめることです。**ここでいう本質とは、自社と自分が大宇宙に存在していてその一部であり、また中心でもあるということです（胎蔵曼荼羅がこれを示しています）。この自覚により、大宇宙の生命力によって生かされているありがたさ、無限の可能性を痛感することになります。そして、大宇宙のすべてのものといい関係を構築していくこと（「空」概念）に思いが至るようになります。これこそが、経営者としての悟りなのです。

なお、戯論とは、無意味で無益な言論のことで本質に当たらないものです。戯論は執着や、偏見から生じます。

本質と戯論をすり替えてはダメです。本質ではなく戯論を見つめるようになると、良いときも悪いときも、うまくいかなくなってしまいます。例えば、**結果の良し悪しを左右するのは環境・周囲（戯論）ではありません。**経営者・企業人として、実際にどういう仕事をするのか（本質）が問われるのです。

良い環境のとき、例えば、良い企業を親から引き継いだときに自動的に良い結果が得られるとか、逆に、環境・周囲が悪いとそれで良くないことになるなどと錯覚してはいけません。そういう経営者・企業人ほど、うまくいかないときに弱いです。当てが外れた、うまくいかないのは自分の環境・周囲が悪いからといって、環境。周囲のせいにしてしまうのです。戯論に陥ると、本質が置き去りにされ、良い経営・良い仕事はできません。

【もっと密教哲学を知りたい読者のために④】

空海は、心のもち方について、「心暗きときは、即ち遭うところ、ことごとく禍なり。眼明らかなるときは、即ち途に触れて皆宝なり」（性霊集）と書いており、これは経営者の心のもち方にも通じます。経営がうまくいかないとき、経営者の心が暗くなっており、何を見聞きしてもすべて悪いほうに解釈して禍の基になります。**業績が悪くなっても悲観するのではなく、「眼明らかなるとき」となるようにします。**経営者として、決して暗い顔をせず、おだやかで希望に満ちた明るい顔つきで、業績が落ちた原因を冷静に分析し、対策を検討し、その分析結果を発言するときには、誰かを責めるのではなく、思いやりのある「愛語」となるよう留意します。

経営者として、現時点の経営環境だけでなく、四半期・1年・中期・5年以上・30年以上とさまざまなスパンで、取り巻くすべてのステークホルダーとの関わりを検討してみましょう。そうすることで、**視野が開けて急に見え始めることになります。これを、「眼明らかなるとき」といい、こうなると、すべてが宝となっていく**のです。

原始仏教以来、破産を招く原因として、酒を飲んでふまじめになること、夜更かしをして遊びまわること、音楽や演劇に夢中になりすぎること、ばくちにふけること、悪友に交わること、自分の業務をさぼることが挙げられてきましたので、経営においてこれらを避けることも肝要です。

問50　他社製品が大ヒットしたり、同僚が先に昇進しましたが、祝う気になれません。

答　多くの皆様にこうした経験があるのではないでしょうか。私もそうです。この本は、密教哲学をビジネスに活かすことを目的とした本なので、その立場からお答えします。

仏としての働き方、生き方ということからすれば、どんな環境であっても、蓮の花が泥の中から清浄な花を咲かせるように、あせらず、**自らが今の環境において（泥の中で）活かされていることに感謝して働き生きる**ことが重要であり、それが自らの仏性を輝かせることなのです。**言語を清浄にしましょう。**言葉を口に出すことによって、その意識が知らず知らずの間に体に染み込み、習慣となり、性格・人格となり、人生となるのです。同業他社の製品・商品やサービスがヒットしたり、知人が先に昇進したとき、ひがんで誹謗中傷し、恨むのではなく、言語を清浄にするよう心のもち方を変え、他社や他人の良いことを積極的に見習って研究し、共に発展するような関係性を築くことが重要です（「空」概念）。

他社や他人の幸せを喜ぶのは大変難しいことですが、仏として働くうえでの大切な修行と捉えてはいかがでしょうか（かつて世阿弥もライバルを褒め自らの能に取り入れています）。同じ土地に生え、同じ養分を吸収しても、薬草は薬の成分を生成し、毒草は毒を生成します。人は、心のもち方で、五感で感じたこと、体験したことのすべてを、薬にも毒にも変化させることができます。だからこそ、仏として働くという心で、言葉を清浄にし、他社・他人の成功を喜んで、いい関係を作っていくのです。

空海は、**「真と妄と、本より同居す」**と述べており、我が国の哲学者西田幾多郎氏は『善の研究』の中で、「思惟には真妄の別がある」と書いています。この身に起こるすべてのことを、心で感じるため、真と妄とどちらの心でそれを感じるのかによって、薬にも毒にもなるのです。心の中には、真心《まごころ》と妄心とが常に同居していますので、どちらの心が働いているのかを自分で見極め、真心が働くようにしましょう。ここでいう真心とは、仏としての心、利他心であり、妄心は、欲望の赴くままの状態です。

真心で他社や他人の成功を喜ぶことができるなら、そのこと自体、自らの真心を一層輝かせることができるため自利となり、他者といい関係を作ることが利他となり、ファンが増加することにつながるのです。

問51　経営者が暴走しないために必要なリーダーシップとは？

答　密教哲学は普遍的な真理ですので修得すると、世の中の道理を身につけることになり、物事の何が正しいのか、正しくないのかが分かります。すると自分の哲学が生まれ、企業哲学ができてきます。それが信念となり、確信をもった経営活動ができます。経営者の言動に迫力が産まれ、他を説得する力がみなぎります。社員は経営者の言動に納得し、経営者が示す企業哲学に従って喜んで仕事をすることになります。

組織は人間で成り立っており、人との間の取り方や関わりが最重要です（「空」の哲学）。組織におけるリーダーシップを考える際、**胎蔵曼荼羅（206ページ参照）が役に立ちますのでぜひご覧ください。**

胎蔵曼荼羅の中心にある大日如来の位置に社長を置き、社内で必要とする各部署に、自身の身代わりとなる人材を明王・菩薩などの仏というイメージとして適材適所で配置し、各部署は、大日如来である社長の企業哲学を共有しながら、その哲学を踏まえた経営戦略を組織として実行し、仏としての経営を行うというのが、密教哲学に基づいた経営における組織論です。

経営者自身も仏ですし、企業人もそれぞれがみな素晴らしい仏なのです。リーダーとしてこの点が理解できていれば、経営者であるからといって社員に対して威張ることはなくなりますし、部下の功績を横取りするのではなく褒めたたえることができます。

リーダーに必要な４つの心として、慈・悲・喜・捨の心があり四無量心といいます。慈は他人に楽を与えようとする心、悲は他人の苦しみを取り除こうとする心、喜は他人の幸せを心から喜ぶ心、捨は誰に対しても親しみや憎しみによって区別を設けず平等に見て差別なく対処する心です。瞑想により４つの心を保つことができます。

リーダーシップで必要なのは３つの布施です。従業員や顧客の信頼を得る方法です。

布施の意味はあまねく施すことで喜捨ともいいます。喜捨は、喜びを施すことと自分の身を捨てて救うことを合わせた言葉です。

・**財施：お金などの財産を施すことです。**経営する企業においてESG投資をしたり、SDGsの活動を行うなど社会貢献としての投資をすること、経営者個人として困っている人のために投資や寄付をすることのほか、無駄遣いをせずに経費を節約することがとても立派な財施です。原始仏教や大乗仏教の**止滅型では、**財産への貪りという煩悩を捨てる貴い行為です。**促進型からは、**自己の財産への小欲を困っている人々への施しという社会貢献（大欲）につなげていく行為と評価できます。また、「空」概念について、関係性を重視する立場からすれば、施す人、施される相手、施す財産との関係をより良いものにしていく行為といえます。

例えば、施す人がその財産をもっているよりも、施される相手のほうがベストオーナーであってより良く活かしてくれるとか、必要性・緊急性がある場合が挙げられます。

・**無畏施《むいせ》：慈悲の心を社員に喜捨します。**慈悲の心で、社員らの悩みごとや心配を聞いて、できるだけ不安を取り除いてあげることです。やさしく思いやりのある言葉をかけることを愛語といいます。やさしいまなざし、なごやかな笑顔が重要です。社員は経営者の顔色を見ています。笑顔がないオフィスでは、社長が怒り出すのではとの恐怖心が生まれ不愉快です。どんな相手でも快く対応することで連絡してきた相手を喜ばせることとなります。

・**法施：経営者のあらゆる行動が布施となり得ます。**利行《りぎょう》ともいいます。同事《どうじ》と称する、相手の立場で考えてあげることも重要です。人々の中に入り、相手のやっていることを共に行い、苦しみや楽しさを共有することです。顧客や取引先との関係では、自分だけ自社だけが儲かればいいのではなく他の利益も考えてあげられる真心のことです。経営者が企業の集まりなどで行うボランティアもその表れです。部下との関係では、傲慢な態度を取らないことです。自分が部下から軽く見られないかと怖がって傲慢になりがちですが、部下の立場に立って考えても、経営者に実力があれば尊敬されるのです。

なお、亡くなった社員・関係者を供養する経営者は大変立派です。経営者が亡き社員らのために供養をするにとどまらず、亡き社員らから、供養のために祈る機会を与えられるという、貴重な布施を経営者が受けています。

布施をしたことは忘れ、宣伝をしてはいけません（**陰徳を積む**）。誰に、何を施したのか、施したこと自体の３つを忘れます（**布施の三忘**）。自らの慈悲深さを宣伝したり、施した相手からお礼がないと不満に思うようでは、それは布施ではなく、惜しくて施したくない気持ちの表れです。布施をした側の功徳にならず、布施を受けた側も迷惑です。

問52　経営者として自社を幸せにする方策を教えてください。

答　幸せになる言葉を愛語といい、おだやかでやさしい言葉、やわらかい言葉、思いやりのある言葉のことです。言葉には、言霊《ことだま》という霊魂が宿っており、経営者が発する言葉で相手を落ち着かせ、安心させ、感激させる必要があるのです。仏教における言葉への戒めをまとめると、①言葉が多く話が長い、②手柄話や自分の生まれ・身分の高さを自慢する、③よく知らないのに教える、④隠している秘密を明かす、⑤心にもないことをいう、⑥他の人がいい終わらないのに話す、⑦守れない約束をする、⑧施す前に何を与えるのか話す、⑨施したことを他人にいう、⑩目下を軽視して荒い言葉を使うことが挙げられています。

不幸になる言葉は、不足をいうこと、愚痴をいうこと、後悔して泣き言をいうことです。

ぜひ、参考にしていただき、例えば、**リーダーが愛語を知り、愛語でメンバーに語りかけることを**、組織内で始めてみてはいかがでしょうか。組織が大きく変わるはずです。

【もっと密教哲学を知りたい読者のために⑤】

密教では、師（阿闍梨《あじゃり》）と弟子との間で相承が行われるため、優れた師であることが重要な意味をもっています。

大日経は、優れた師の要件（**阿闍梨の十三徳**）として、①菩提心（他人のために努力する利他の心）、②智慧、③いろいろな芸・技術、④**瞑想で真理を体得**、⑤**密教以外にも精通**、⑥真言に通じ、⑦人々の気持に寄り添う、⑧仏を信ずる、⑨曼荼羅を描いて灌頂《かんじょう》（真言密教の儀式の一つ）ができる、⑩顔立ちが柔和、⑪決断力、⑫陀羅尼を把握、⑬密教哲学の修得、を挙げています。

雇われる社員としては、経営者との出会いにより、社員として行う仕事の内容や質が決まってしまいます。優れた経営者に接し、その指導を受けることができる社員は、入社段階から、自利利他の心を身につけやすいでしょう。しかし、自利利他の心がない経営者のもとで、社員だけで自利利他の心から働いても、経営者に認められなければ社員の働きは継続しません。先ほどの十三徳を参考にして、**経営者としての十三徳を身につけましょう。**

問53　組織改革に密教哲学をどのように活かしていけるでしょうか?

答　経営者・企業人の誰であっても、自社が働き甲斐のある職場でありたいと望んでいます。

そのための組織改革に当たっては、組織内での業績などを分析検討する必要があるのですが、従来型の分析的ミーティングでは、業績の数値を基に、計画のどこが達成できて、どこが未達成かを把握したうえで、組織内の問題を検証し、改革につなげていこうとします。

この手法ももちろん重要ですが、本書では**密教哲学による共鳴ミーティング**をすすめます。密教哲学を踏まえて、経営者が作った企業哲学を基にして自社の存在意義を組織内で共有するのです。

例えば、出席した社員各人が、**自身の歴史や人生観と経営者から示された企業哲学が合致しているのかどうか**を語って、その思いを共有するところから始めるのです。こうした「出会い・つながりの共有」⬇「湧き上がる共感・共鳴」⬇「あるべき姿と現実を捉え、ギャップを埋める戦略を実行」というのが、共感・共鳴によるマネジメントです。このやり方で、社内に共鳴を産み出した後であれば、組織のどこに改革すべき点があるのか明確になりますから、改革がやりやすくなります。

具体的には、自社の企業哲学を組織内で確認・浸透させ、**社員全員が自社の哲学を実現したいという思いを共有しましょう。**次に、その思いを達成するために、例えば**自社が理想とする**

顧客についての認識を共通にします。これが共鳴ミーティングです。各人の得意不得意をカバーし合いながら、自社が理想とする顧客が取引をリピートしてくれるよう、自社から提供する商品やサービスなどをより適切なものとしていくことが重要です。分析的ミーティングに比べて、共鳴ミーティングは社員の自主性が引き出されます。これを行うのが真の経営者ではないでしょうか。

【もっと密教哲学を知りたい読者のために⑥】

空海は、組織改革について、大工と木の関係を挙げて適材適所の重要性を述べています。「上手な大工が木材を使うとき、まっすぐな木を曲げないで使う。曲がった木は曲がったままで、うまく使って大きな家を建てる。それと同じように、**指導者が人を使うとき、それぞれの個性や能力に合わせて、適材を適所に配置**すべき」と指摘しています。

問54　やる気のない部下をどう指導したらいいですか？

答　部下のやる気のなさを、自社の置かれた状況など、環境のせいにしている経営者・上司が多いものです。

密教哲学を経営に当てはめた場合、仏である上司が、仏である部下を指導するわけですから、仏同士がしっかり協議してみてください。なぜ、やる気が出ないのか（出ていないように上司には見えるのか）、どうしたらやる気が出るのか、仕事をどんどん任せれば期待に応えてくれるのか、**仏同士が正面から向き合って話し合う**ことで解決できるのではないでしょうか。

解決に至らないときには、仏同士としてのリスペクトがまだ足りないケースが多いようですので、まずは**経営者・上司のほうから、部下を仏としてリスペクトし**、良い点を探し出して褒めるところから始めてはいかがでしょうか。この点は、5つの智慧の活用にも関わります。鏡の智慧で、企業の状況、上司の自分、部下をよく見てください。平等の智慧を使うとき、他の社員と安易に比較して叱責すると一層やる気をなくしかねないので、社員の水準を検討する際には十分注意しましょう。個別の智慧により、部下のいいところをぜひ伸ばしてあげてください。実行の智慧では、ほめるのか、注意か、放置か、他の社員に対応させるのかなどを検討します。最後に統合の智慧で、上司としての真摯さを部下に十分に伝えてください。

やる気のなさが、自社の企業哲学・経営者の思いを部下が共感できていないのであるとすれば、業務の最初の時間を上司から部下への指導や社員同士のコミュニケーションの時間に充てて、毎日の業務を始める際に、経営者と全社員により、企業哲学を毎日少しずつ共有し、企業哲学に基づいてうまくいった経営戦略やマーケティングの具体例を周知して、関与した社員を褒めることにより、社員のモチベーションを上げつつ、企業哲学の浸透を図り、やる気のアップにつなげていくという方策が考えられます。

【もっと密教哲学を知りたい読者のために⑦】

経営者が部下と話すとき、部下を経営者の部屋に呼んで話すということがよくあります。そういうときには、ぜひ、空海の言葉である「**虚しく往きて満ちて帰る**」ということを実践してみてください。部下は、経営者に呼ばれれば、また怒られるのかな、注意されるのかなと心配しています。部下のもつ仏性・良いところが光り輝くように言葉をかけてください。

吉田松陰は、松下村塾で、塾生が自分でも気づいていない良いところを見出して、塾生にそれを教えながら、さらに良いところを伸ばそうと指導して、初代総理大臣などを輩出していま す。怒られるのかと思って社長室に行ったら、社員自身も気づいていないようないいところを褒められ、励まされれば、うれしくなって仕事に戻り、仏として働いてくれます。

ある和文化の指導者は、弟子を褒めることによって、弟子にやる気を出させ、もっている能力をどんどん引き出しています。例えば、入門したての弟子に対しては、**まず声を褒め、**（よい声でなければ）**節回しを褒め、**（節回しが良くなければ）**拍子の良さを褒め、**（それも良くなければ）**正座で長い間我慢したことを褒めています。**仏であれば、どのように指導するだろうかということを頭に置いて実践していくというのが、密教哲学に則った経営です。

人財を育てる際、経営者には忍耐が必要です。忍は、刃の下に心と書きます。**刃物で脅されても耐えて辛抱するのが忍耐です。**忍耐は長い期間を要し、その苦労は並大抵ではありませんし、成果がいつ出るのか分かりませんが、必ず甘い果実が実るという思いで、一日一日ずつ耐えていくのです。これが、仏としての忍耐であり、最初から長期間耐えようとするのは大変ですが、**一日ずつ辛抱していくと思えば、結果として何年でも耐えられたということになるので**はないでしょうか。

問55　勉強が苦手で、物覚えも要領も悪い社員がいるのですが？

答　釈尊とチューダの関係が大変参考になります。周利槃特《しゅりはんどく》（チューダ・パンタカ）は釈尊の十大弟子ですが、記憶力が悪く、勉強ができなかった弟子として有名です。母は大富豪の娘でしたが下男と駆け落ちして双子を出産し、兄のマハーが聡明であったのに、弟のチューダは愚鈍で名前も書けないほどでした。

先に釈尊の弟子になった兄のすすめで弟子入りしたチューダは、無能さを恥じ、教団を去ろうと釈尊に相談しました。釈尊の弟子たちは釈尊の説法を聞いて暗記する修行をしていたので、チューダのように覚えられない者は優秀な弟子にはなれないし、日々何をしてよいか分からなくなり、目標を失いがちだったのです。

釈尊は、「自分を愚かだと知っている者は愚かではない。自分を賢いと思い上がっている者こそ、本当の愚か者である」と説き、チューダに一枚の布とほうきを与え、「塵を除く、垢を除く」と唱えながら掃除することを教えました。以後、チューダは、釈尊の教えを守り、何年もひたすらに掃除をし続け、やがて**本当に落とすべき汚れは、貪（貪り）・瞋（怒り）・痴（無知）であると気づいて**、悟りに達しました。

釈尊は愚鈍の弟子に対しても悟りを得る方法を示し、**何もできないからと諦めてはいけない**と説いたのです。迷いがないことが最も大切であり、チューダは何の疑いもなく忠実に実践し続けたことで悟りにつながったのです。誰でも高度な修行をしたいとか、掃除は修行僧がすることではないとか、掃除をする時間があるなら少しでも修行したほうが良いなどと思うものです。しかし、釈尊は自らも難行苦行を重ねた結果、難行苦行では悟りを得られないと知っていました。掃除こそ瞑想に通じる悟りへの道と考えていたのです。止滅型において大切なのは、自らの貪りの心や怒りの心、無知なる心を払い落として綺麗にすることです。釈尊が教えた修行法は、**「心の外を掃除しながら心の中を磨く修行法」**なのです。心の塵を払って曇りのない鏡で物事を映し出すという鏡の智慧を発揮できます。また、釈尊は、チューダを評価する際、平等の智慧としては、安易に他の弟子と比較してチューダを非難することはありませんでした。個別の智慧により、ひたすら掃除ができるというチューダの良さを把握してそれを極めさせたのです。実行の智慧は、口頭での指導ではなく、チューダに掃除を毎日実践させるというものでした。統合の智慧の面では、釈尊の真摯さがチューダに伝わって悟りに導いています。

なお、神道でも、祝詞に「祓《はら》い給《たま》い清《きよ》め給《あま》え。神《かむ》ながら守《まも》り給《たま》い幸《さきわ》い給《たま》え」と唱え、「お祓いください、お清めください、神様のお力により、お守りください、幸せにしてください」と祈っています。祓うことと清めることは神様からの力を得るのに必要なことなのです。

掃除は一つの例えですが、促進型であれば、**「その社員ができること」**を徹底的に極めてもらい、磨き上げて他の社員の見本になってもらうという発想ができます。

問56　社員に対する指導に当たり、密教哲学をどのように活かせばいいですか？

答　原始仏教において、釈尊は弟子を指導する際、**①理**（道理）、**②事**（現実社会）、**③経験**、**④節度**、**⑤時**、**⑥対機**（応対）、**⑦尊卑**（身についた徳）を重視しており、これは、いつの時代でもどこにおいても当てはまる人材マネジメントの哲学です。

これを参照し、経営者は社員を指導する際、①入社して当社や取引先と関わるという素晴らしい縁を得たという道理、②現実の仕組みを教え、③経験を積ませ、④節度を身につけさせ、⑤天の時を教え、⑥相手に合わせた応対の仕方を教え、⑦身についた徳で尊卑が決まるため、利他が重要であることを教える必要があります。

このうち、⑤について、天の時は経営者が社員を指導するときにも十分にわきまえておく必要があります。日本人が大好きな桜は、冬には枯れ木のようできれいな花を咲かせられるのかどうか分からない様子なのに、春になると素晴らしい花が咲きます。

また、⑥に関して、観音経では、釈尊は相手に合わせて8万4000もの種類の説法をしたとの逸話が残っており、観音様は相手に合わせて33種類も姿を変えるとされています。こうして相手に合わせた指導を行うには、個性の違いをよく知る必要があります。例えば、瓜は蔓が他にからみついて生きていくのですが、茄子は最初から一本立ちしており、それぞれの性質に応じて時期が来れば立派な実を付けていくのですが、時期が来るまで、相手に応じて的確に肥料や水をやり続ける必要があるのです。**密教哲学の十住心論が示しているように、心のレベルは、相手によってさまざまですから、相手の心の段階に合わせた指導が必要**なのです。これを参考に、職場においても、新人・若手・中堅・ベテランという経験の違い、また仕事の質の違いにより、専門的な技術・知識を教え込む段階なのか、モチベーションをもたせて心理的・社会的な成長を促す段階なのか、それらのすべてを指導する必要があるのか、相手のプライドを損ねないように配慮する必要があるのか、寄り添いながら信頼関係を醸成していくパートナーシップ型なのかを見極めて、コーチングを行う必要があるのです。

金剛界曼荼羅を活用できます（202ページでその活用方策を示しています）。金剛界曼荼羅は、永遠に壊れることのないダイヤモンドのように堅固な悟り（菩提心）をもつためのプロセスを9つの枠で示したものですので、この考え方や枠・プロセスをコーチングに利用することにより、相手のレベルがどこにあってどのような指導をすべきなのかが明確になります。

問57　社員が不仲ではないか、悩みを抱えていないかと心配です。

答　ここでいくつかの企業で取り入れられている具体的な方策をお伝えしましょう。このような心配を解消するには、**社員同士が感謝し合っている回数を企業として把握する**ことが大切です。互いの感謝を把握することで、社員間の関係がどうなっているのか、社員個人で悩みを抱えていないかどうかを把握する手がかりになりますので、仏としての経営に適う仕組みであると考えています。

これはエクセル表などで簡単に作成できます。エクセル表の縦軸に社員名、横軸に日付を記載したシートを2つ用意して社内で共有することで各社員が書き込めるようにしておき、1つ目のシートには、ある社員が別の社員に感謝した件数を記載し、2つ目のシートには、ある社員が別の社員から感謝された件数を記載する……これだけです。1週間あるいは1か月単位で集計しておくと、感謝した件数、感謝された件数の増減が分かります。また、ある社員が、別の社員からどれだけ感謝されているかという項目では社員間の人間関係が分かりますし、ある社員が、他の社員に対してどれだけ感謝しているのかを見ると、その社員の仕事へのモチベーション、周囲の社員にどれだけ目配りができているのかが分かります。

こうした取り組みを成功させるには、**経営者・企業人であるあなたが、社員はみな仏である「即身成仏」という理解をもつ**ことが重要です。即身成仏の問い（26ページ参照）において説明していますが、即身成仏という哲学は、仏様の宮殿を飾る輝く網の結び目が宝珠であって、相互に照らし、宇宙全体につながって照らし出し、その中に私たちが存在し、すべてつながっているということに由来があり、宝珠でつながった宇宙も、その中の私たちもすべて大日如来が産んだものであり、それらすべてが仏性をもっているという哲学なのです。

そこで、仏としての経営の中では、仏である全社員について、それぞれのいいところ（宝珠）を一層目に見えるように光り輝かせ、その社員本人に気づかせるとともに、周囲の社員にも、各社員の宝珠を認識させるということが重要です。そして、社員相互が、お互いの宝珠で照らし合うようになる、それが密教哲学による経営なのです。親の七光りは嫌われますが、社員の宝珠でお互いを照らし合い、企業が光り輝いていくことが素晴らしいことなのです。そのためには、**まず経営者であるあなたが社員の良いところを見つけることが肝要**であり、社員の欠点ばかり見えてしまう経営者は、自社や自分が帝網《たいもう》（帝釈の宮殿にかかる何重にも重なり合った網のことで、無数の宝珠で飾られ、互いに照らし合い反映し合っていること）の中にいることに気づかず、宝珠を活用できないため、繁栄を妨げてしまいます。

幕末に、その後の初代内閣総理大臣らを輩出した松下村塾において、吉田松陰の指導方針は塾生の良いところ、塾生本人も気づいていない長所を見出して褒めて気づかせ、その塾生を伸ばしていくというものでした。まさに、密教哲学に沿った指導方針であり、現代の企業経営者・リーダーにおいても見習うべきところです。

問58　ドラッカー氏が主張した経営戦略の内容は、密教哲学に沿ったものでしょうか？

答　我が国でも有名な米国の経営学者ピーター・ドラッカー氏は、数多くの優れた経営概念・理論を提唱されています。その一部をご紹介します。

企業は、社会という大きな生命体の一器官であり、社会貢献（CSV：Creating Shared Value）のために存在します。企業が利益を得ることは、企業を存続させるための条件であって目的にはなり得ず、**企業の目的は顧客を創造すること**です。企業とは何かを決めるのは顧客であり、企業は顧客の欲しがるものを提供することでしか存在できません。

マーケティングとは、顧客が「いま」何を求めているかに答えを出すことです。

イノベーションとは、まだ顧客が気づいていない欲求を発見し、その欲求を満たす新しい価値を提供して、新しい市場を作ることです。

マネジメントとは、人の強みを生かし、組織の成果につなげる活動です。経営者が果たすべき役割は、投入した資源の総和より大きなアウトプットを出すため、社員の強みを発揮させ、弱点を組織で補うことです。その際、直近の仕事と将来のための仕事のバランスをとり、取り組む仕事を選び、残りは捨てることです。

経営者の資質として「真摯さ」が必要です。

これら一連のドラッカー氏の主張は、密教哲学による経営そのものと考えています。空海が現代に生きていれば、個人だけでなく企業も大宇宙の一つとして位置づけ、個人とともに企業に対しても、自利利他の遂行を指導していたはずだからです。経営者の自利利他の心による真摯な経営として社会貢献の実践につなげていくことは、密教哲学に基づく経営として目指していることであり、それを経営学の側からドラッカー氏が主張されているものと受け止めています。

また、ドラッカー氏が経営者の資質として求める「真摯さ」について、ドラッカー氏自身による明確な定義は見当たりませんが、**「真摯さ」とは5つの智慧の中の「統合の智慧」と同じ内容**ではないでしょうか。自利利他の心をもつ経営者には、その「真摯さ」が認められるものと考えています。

問59　ポーター氏が主張した経営戦略と密教哲学にどんな関係がありますか？

答　若くしてハーバード・ビジネス・スクールの教授となったマイケル・E・ポーター氏は、いくつもの素晴らしい分析を示されています。ここでその一端をご紹介します。

儲かる業界かどうかは競争状況の違いに基づきます。

そのため、**同業者・売り手・買い手・新規参入者・代替品という5つの力で競争状況を分析しなければなりません**（5フォースモデル）。

また、自社の活動システムを検討して表にし、他と差別化を図る戦略を検討するべきです。

その際、社会貢献（CSV）を実践することで、競争優位を得るための独自性が備わり、企業価値が向上します。

このポーター氏の主張を密教哲学から見ると、5フォースモデルは、密教哲学における5つの智慧を発揮して各対象を観察・分析する際の具体的な手法であると受け止めています。特に、自社の強みや差別化ポイントを見出す方策は、個別の智慧の具体化そのものと言えます。

また、**社会貢献（CSV）の実践は、事業活動を通じて社会課題を解決し、企業の価値と社会的価値を両立**させようとするものであり、まさに密教哲学による自利利他の心に基づく経営そのものであると捉えています。

ポーター氏の5フォースモデルは、企業のアウトサイドの問題を分析するための素晴らしいツールですが、密教哲学は、経営者の心のもち方、企業における企業哲学の構築などのインサイドの問題から出発します。

ポーター氏の5フォースモデルの利用は、すでに世界中の企業で実践されていますが、このツールを利用して経営戦略を立てるとき、そこに魂・真摯さを注入するのが、密教哲学に基づく経営者の思いと企業哲学であって、企業経営の持続性と成否を決める重要なポイントではないでしょうか。

問60　心理的安全性についてどう考えればいいでしょうか？

答　心理的安全性とは、組織内でメンバー同士がどんな発言をしても、メンバーから嫌われたり、関係が壊れたりすることがなく、**安心して自分の意見や考えを発言できる状態**のこととされています。例えば、企業内で社員相互に意見をいい合う際、メンバーが意見をいいやすいように心がけるリーダーは素晴らしい存在であり、心理的安全性の内容自体に異論はありません。ただ、心理的安全性が十分認められる企業でも、若手社員の退職が目立っていますが、その主な理由は、心理的安全性はあるものの、上司や先輩からも叱責されない**「ぬるい」組織**であって**社会人としての成長につながるのかどうか疑問がある**というものです。

経営者が仏として経営を行うということは、利他の心による経営ですので、当然、経営者が従業員に配慮し、心遣いをし、相互に共感し合うという関係に立ちます。これは、心理的安全性を有する組織のことであるといえます。

しかし、**心理的安全性はメンバーがそれぞれ意見を考え出した後に必要なことではないでしょうか。**何も意見がない段階で心理的安全性といっても、メンバーの誰も何も考え出していないという事態が続くことになりかねません。参考になるものとして、将棋や囲碁の棋士が、究極の一手を指す際には、相手から攻め込まれ、追い込まれて、このままでは負けるという状態になったときに閃いたという体験が多数紹介されています。

脳科学から見ると、追い込まれた状況においては、ノルアドレナリンが分泌され、危機を打開する考えが生まれたものといえます。ノルアドレナリンは、緊張感を味わったり、目新しい環境に身を置いたときに放出される脳内物質であり、適度なストレス環境、新しいことを始める、新しい人に出会う、読書や映画を見る際に分泌されます。このように、**新たなアイディアを産み出すとか、起死回生の手段を考えるというときには、ノルアドレナリンの分泌が必要で**あり、こうして考え出した意見を安心して述べる場を確保するのが心理的安全性なのです。

このノルアドレナリンは、経営者にとって重要です。特に、企業に一大事が起きたとき、経営者の言動がその後の企業の運命を決めるのです。経営者の脳にノルアドレナリンが分泌され、自利利他の心から、自分の企業哲学を明かして、真心のこもった対応をするのです。追い詰められたときこそ、ノルアドレナリンの分泌に基づいて、経営者の仏性を一層輝かせ、仏心を発揮する最大のチャンスです。

組織内の先輩後輩の関係においても、恐ろしくて厳しい先輩と、やさしくて何があっても叱責しない先輩とどちらが良いのかという問題があります。心理的安全性からいえば、後者なのでしょうが、何年か後で大きく育っているのは前者の先輩に鍛えられたからというケースもよく見受けられます。冒頭で指摘したような**組織が「ぬるい」から退職するという若手社員を食い止めるために**、企業で社員が成長できることを社員に示す必要があるのです。

密教哲学の5つの智慧のうち、統合の智慧を活かして、社員の成長を願って厳しく叱咤することと、社員が意見をいいやすいように心理的安全性に配慮した環境を社内で整えることについて、うまくバランスを取り、各社員の特性やタイミングを見て使い分けていくということが理想であると考えています。

問61　企業の資金繰りのために、密教哲学をどのように活かしたらいいでしょうか？

答　一般に資金繰りについては、企業が担保として提供する不動産をいくらで評価するのかで金融機関から借りられる資金が決まります。

問題は、不動産担保を有しない、特に中小企業における資金繰りです。密教哲学に基づく利他の心によって打ち立てた企業哲学、それに基づく経営戦略・ビジネスモデルが、**金融機関の共感を呼ぶことができれば中小企業であっても資金繰りにつながることとなります。**

金融機関の姿勢の問題でもあります。一部のメガバンクに見られるような、不動産担保しか評価しない金融機関であれば、密教哲学に基づくビジネスモデルを評価して資金を貸すことはあり得ず、企業の現場を見に来ることもなく、不動産担保の評価額しか見ていないケースがあります。それでは金融機関としての社会性や存在意義が認められません。担保に出せる不動産は有していないが、密教哲学に基づく自利利他による素晴らしいビジネスモデルを有する企業に対して金融機関が積極的に融資を行うことで、金融機関による自利利他を推進できます。一部ですが、不動産担保がなくても地元の企業に対して積極的に融資する地方銀行・信用金庫が存在しており、こうした金融機関は、企業の現場を見に来て経営陣とよく協議しています。自利利他の慈悲心をもった金融機関といえます。

中小企業の経営者として資金繰りの大変さから逆境に陥ることがありますが、大切なのは、**逆境に陥ったときこそ、密教哲学に基づき、企業哲学を磨き続けて、**それに基づく経営戦略・マーケティングを魅力的なものにし、自社のストーリーに共感してくれるファンを増やしていきながら、こうした経営を評価して融資してくれるように金融機関を説得していくことなのです。

問62　教育機関運営上のポイントは何ですか？

答　空海は、828年、世界初の庶民の学校として東寺の横に綜芸種智院《しゅげいしゅちいん》を開校しています（現在の種智院大学）。**綜芸種智院の特徴は、次のとおり**であり、これを知ることで密教が考える教育の在り方が分かるのではないでしょうか（麹町塾のモデルの一つが綜芸種智院であr、空海が著した同院の設立の趣旨を本書おわりに掲載していますので、ぜひご覧ください）。

・**環境重視**：教育には環境が大事であるとして閑静で交通に便利な所を選んだこと

・**機会均等**：貴賤を問わない大衆教育により国家が栄え、人々が利益を得ること（すべての存在に絶対の価値を認める密教哲学に基づいたものであり、誰であっても、すべては本来的に仏の性格をもち、かけがえのない価値を有するとして、学校名に「種智」を入れた）

・**総合教育**：**仏教だけの偏狭な知識のみを得るのではなく**、人間形成に必要なあらゆる学問と芸術の修得を説き、専門の学者を招聘したこと

・**生活保障**：以上を遂行するために給費制など経済的基盤が大切であると説いたこと

教育機関を運営する場合には、綜芸種智院で示された密教哲学の包容力（存在するものすべてを包み込み、その特性を活かしきる）と、人間尊重の世界観（真理・哲学は抽象的なもので

はなく具体的な人の中に現れている）が重要です。

また、空海は素晴らしい人間を形成するための教育に関し、以下の３点に留意するよう指摘しており、経営者にとって組織を構築するに当たって学ぶところが大きいものと考えています。

・何が正しく、何が正しくないかという正邪を見抜く智慧（勝義の菩提心）
身の回りのさまざまな出来事にはためになること、マイナスになることがあり、正邪を区別するには、知識・知能を向上させ、判別できるように教え導くことが肝要です。

・他人のことを思いやる心（行願の菩提心）
自分だけ満足してはいけません。企業・職場は一人で成り立っているわけではないのです。自分以外に大事な他人がいるという思いがあり、他人が楽しければ自分も楽しいと思うようになれば、いさかいもいじめもなくなります。他人との関係をもたない個人では意味がありません。

・生きがい、やりがい、やる気（三摩地の菩提心）
社員のやる気、やりがい、生きがいを、企業としてどのように育んでいけるかが、社員教育における最大の目的です。どれだけ頭が良くて性格が良い優秀な社員を採用しても、社員の側でやる気、やりがい、生きがいを見出すことができなければ、企業嫌いに陥ることになります。

社員がいきいきと、わくわくして、目を輝かせながら働くことができるものを、経営者として何か見つけてやり、行願の菩提心（思いやり）に基づいて、さらに褒めて、社員の良いところを伸ばしていくことが、最重要なのです。

第5章◉

空海が残した教えは経営にどう役立つか

問63　そもそも仏教とは何ですか？

答　仏教は人生の悩み、苦しみの克服を目指した哲学です。２５００年前（紀元前4世紀頃）、ネパールの釈迦国で生まれ、瞑想によって悟りを得た釈尊の教えが原始仏教（小乗仏教）であり、この段階の仏教は仏である釈尊が説いた悟りを得る（仏になる）ための教えです。

それから数百年後（紀元後2世紀頃）、大乗仏教が生まれました。大乗仏教も仏になるための教えです。仏になるとは、瞑想により、**最高究極の哲学に目覚めることであり**、釈尊が説いたことの中でいついかなる場所でも普遍的な哲学として認められる内容が重視されるようになりました。そして、大乗仏教では、この普遍的な哲学というものは、釈尊より前から存在していて、釈尊は、普遍的な哲学に気づいた仏の一人であり、他にも仏は多数存在する（例・大日如来、薬師如来、阿弥陀如来……）とされました。

このように、仏・仏教の本質は哲学であって、永遠ですが（この永遠の存在のことを大日如来と呼んでいます）、釈尊は、瞑想により普遍的な哲学を自覚し、それの説法をした人間としての仏です。

釈尊の時代から１２００年後の密教哲学では、**現実世界に生きている私たちが**、**この身のままで仏であり**、**そのことを自覚することが悟り**となりました。仏と生身の人間の間に本質的な違いはなく、生きとし生けるものすべてが、すでに仏性（仏としての性質）をもっているという哲学です。自ら本来的に有する仏性に気づかないだけと考えられています。ここには現実を肯定し、すべてのものに価値を認める思いが根底にあります。

ここまで見たとおり、原始仏教⬇大乗仏教⬇密教と変遷していますが、**人生の悩み・苦しみを克服するという仏教の目的**は維持されています。そして、仏教（密教）は他の宗教のように、現実を超越した絶対者であって世界の創造主が一人だけ存在するという教えではないのです。仏教（密教）は対象とする聖なるものへの礼拝より、**自らの中にすでに本質的に保持している聖なるもの、絶対的な価値を瞑想によって自覚する**ことに重点を置いている体験型・自覚型なのです。そのため、体験や自覚の在り方は多様であってよいという柔軟性が仏教には認められるのです。

また、密教において説法をするのは釈尊ではなく大日如来です。大日如来は、宇宙の真理・哲学を仏の身体とみなしたもので、その智慧はあらゆるところに満ちて普遍的であり、あらゆるものが本来もっている特性を発揮させて一切の仕事を完成させる慈悲心を有し、永遠不滅であるという特性を有しています。

釈尊の説法は、聞く人や説かれた時代に制約されたものであり、当時は適切でも、他の人が聞いたり、時代が変わればふさわしくないかもしれません。また、釈尊は聴衆に合わせて限定した説法をしていますし、釈尊がすべてを説明したことはなく、口に出さなかったことも多いのです。大日如来の説法は、場所・聴衆・時代に限定されず、常に、どこでも、誰に対してでも行われていて、**私たちの目覚め・体験・自覚によって、大日如来が発している真理・哲学を把握する**ことができますので、空海は、大日如来が説法をすると説いたのです。密教において大日如来の説法を把握する（受信する）方法が、三密加持《さんみつかじ》（手に印契《いんげい》、口に真言、心を集中）であり、これにより閉じられていた心の眼を開いて大日如来の説法を把握できるのです。

　原始仏教・大乗仏教は**煩悩を滅しようとする止滅型**であり、例えば、人の中にある仏性を覆う布が煩悩によって分厚くならないように布を薄くしようと考えます。人の欲望は滅すべきものなので、欲望が大きくならないように、布施をして欲望を抑制しようというのです。この考え方の場合、かえって布（欲望）にばかり気を取られると仏性を見失いますし、仏性自体を一層光り輝かせようという発想が出てきません。

　これに対し**密教哲学は、自分の中の仏性自体に着目**し、それを光り輝かせよう、また他人の中の仏性も光り輝かせようとする**促進型**であり、小欲（煩悩）を大欲（社会貢献）へと育てることを求めます。あえて例えれば、煩悩という布は、私たちにとって邪魔なのではなく、むしろ、その布を最大限に活用して仏性を磨いて、一層輝かせようとしているのです。

　なお、我が国の仏教寺院における本尊として一番多いのは観音様です。観音様は、密教哲学の中心となる般若心経における観自在菩薩のことであり、私たちの恐怖心をなくして安心させようという仏です。そして、観音様が取り除いてくれる私たちの恐怖心として、①嫉妬や怒り、②愛欲、③煩悩による迷い、④他人からの中傷、⑤他人への邪念、⑥浮世の義理（家族など）、⑦肉体の痛みや苦しみの七難が挙げられています。この**七難を、利他の心によって大欲に育てていく**ということが、観音様の慈愛の心にかなったことなのです。

問64　密教は、インチキな呪術では？

答　仏教は、２５００年前に釈尊が説かれた原始仏教（小乗仏教）、次に大乗仏教、最後に密教となりました。**空海が唐に渡って密教を恵果師から受け継ぎ、日本で真言密教として開花させました**が、それは釈尊の時代から１２００年後のことです（なお、空海の時代から現代までさらに１２００年経過しています）。

平安時代初期、嵯峨天皇が京都を中心として我が国を治めた際、東寺における真言密教を活用し、また空海は、満濃池修築、四国八十八か所ルート開設、高野山での都市開発、綜芸種智院の開校などを、真言密教の哲学に基づいて実践してきました。そして、比叡山延暦寺における天台宗の創始者最澄は、空海の弟子となっています。その後、平安時代後期には、平清盛が高野山に曼荼羅図を奉納したり、源頼朝が真言宗の僧侶をアドバイザーとして受け入れており、鎌倉時代には、執権となった北条泰時が（真言宗への造詣が深い）明恵上人から、利他の心で欲望をコントロールしながら政治をするよう指導を受けています。また、昭和の時代には、著名なメーカーの経営者が、真言宗阿闍梨を長期間にわたって社屋に招いて経営について協議しています。このように、**密教哲学は政治や経営に活用されてきたのであり**、真言密教はインチキな呪術ではありません。

ただ、密教の代表的経典「理趣経」では、**男女の愛欲を含めた欲望のすべてを、清浄な菩薩の境地であると見抜いて、大胆に肯定しています**。また、密教の仏である愛染明王は愛欲貪染の明王、つまり、愛欲に染まってしまった明王です。愛を象徴する赤色で全身が染められていて、原始仏教や大乗仏教では否定した愛欲を、密教の仏として肯定しています。他にも、聖天（歓喜天）という仏は、男天と女天が抱擁・和合した像であり、聖天を教化するために観音菩薩が女天となって抱擁・和合したものであって、夫婦和合や子を授ける仏とされています。

このように、**密教哲学では、煩悩を滅することを目的としていません**。そこで、煩悩を滅することを至上命題とする止滅型の宗派などから批判を受けやすいのです。

密教哲学は、**煩悩という小欲を滅するのではなく、大欲に格上げしていく促進型です**。小欲とは個人のレベルでの欲、大欲とは利他の心により他者や社会の価値を上げていくことです。他の宗派のように、煩悩（小欲）を滅することを目的とすると、経営者の名誉欲・財欲や企業経営を成功させようとする欲をも滅失させることになり、経営者が良い経営をするための哲学として利用できないのです。密教哲学は、小欲を滅するのではなく大欲に育てあげ、**自利利他の心で、社会のためになる経営をする**よう求めますので、企業経営の根幹に密教哲学をもってくることがふさわしいのです。

【もっと密教哲学を知りたい読者のために⑧】

密教哲学においては、本能的な欲望を無条件に肯定しているのではありません。欲望をいったん**「空」である、即ち大宇宙のすべてのものとの関係性なくして実体はない**（他との関係性の中で存在する）と見抜いたうえで、大宇宙のすべてのものとより良い関係性を築くために欲望を全面的に肯定し、大欲に育てようとするのです。

理趣経が**「大欲は清浄であり、それは菩薩の位である」**と説いていますが、この大欲とは、損得に関わるような人間の欲（小欲）ではなく、自己の利益に囚われない仏の欲であり、損得を離れ、大宇宙のすべてのものとより良い関係性を築いて社会貢献しようという欲のことです。清浄であるとは、自他の対立を離れていて、自我に囚われず、他のために考え行動するという意味なのです。こうした理解に立ったうえで、ギラギラした本能に基づく煩悩がもっている生命力や積極性を重視して、大きな欲望に育て上げていくのです。

瞑想により大宇宙と自らの身体を交流させ、脳を活性化するとともに、世俗の世界で理想社会を実現すべく社会的な実践（仏としての経営）に励むのです。

問65　密教と他の仏教を比較して、どれが企業経営に役立つのですか？

答　釈尊の原始仏教とその数百年後の大乗仏教は仏になる教えです。原始仏教では厳しい戒律を守る出家者のみが瞑想により悟ることができるとされていました。大乗仏教では出家者だけではなく、在家であってもよいとされ、原始仏教の戒律もゆるめられましたが、悟るまでの修行は気が遠くなるほど長いものとされました。坐禅を重視したり（禅宗）、阿弥陀如来の他力によって死後に極楽浄土に渡る（浄土宗・浄土真宗）とされたものもあります。原始仏教も大乗仏教も、私たちの煩悩を滅却することが目的です。

密教哲学は、この身のままですでに仏であるという自覚です。密教哲学では、彼岸（極楽浄土）に渡るのではなく、煩悩を肯定し、煩悩にあふれたこの世で、仏と一体であることを実感します。そして、聖なるものへの礼拝以上に、**私たちがすでに本質としてもっている素晴らしい価値（仏性）を私たちが瞑想によって自覚し、小欲を大欲に育てることに重点が置かれています。**

密教哲学のもとでは、世俗、煩悩、欲望、才能がすべて肯定されていますので（空海自身も、嵯峨天皇から信任されて副総理・国交大臣・観光庁長官の職を担い、書道では三筆と崇められ、絵も描いています）、企業哲学を構築する際の指針として活用できるのです。

【もっと密教哲学を知りたい読者のために⑨】

釈尊は、生きる悩み・苦しみを生む煩悩を克服する方策を瞑想によって発見し（悟り）、同じように苦しんでいる他の人たちのために説いて広めました。空海は、密教哲学に基づき、煩悩を捨てるのではなく大欲に育てることによって、政治・都市開発・観光・学校経営・書・絵画などに才能を発揮しましたので、釈尊の原始仏教より空海哲学のほうが現代の企業経営に役立つものと考えられます。

天台宗、浄土宗、浄土真宗、日蓮宗、禅宗は、いずれも、煩悩を断つことを誓願します（止滅型）。各宗派の誓願には、一切の煩悩を否定するように書かれていますが、完全に滅失させると生きていけませんから、煩悩をできるだけ少なくしようと読むことになります。真言宗は、煩悩こそ智慧と福徳の基なので、それを精一杯役立てますと誓願するのです（促進型）。このことを、「福智無辺誓願集」といいます。

経営に当てはめると、例えば、経営者が自社とその社員を愛するのは煩悩であり、真言宗以外では、それを断ち切らなければなりません。自社や社員さえよければ、他社を押しのけてでも優先するというゆがんだ見方を是正するというものです。真言宗では、煩悩こそが菩提心の種であり、もっと大きなもの、即ち大欲（菩提心・利他の心）に育てるようにといっているのです。自社や社員を愛する気持ちは煩悩なのですが、その気持ちを種として、取引先の社員も、地域中の社員も、国中も、世界中も……と、煩悩という種を大きく育てて、大欲としていくものであり、決して断ち切るものではないのです。

煩悩（小欲）と菩提心（大欲・利他の心）との関係は、いわば電気とLEDライトです。LEDライトが電気により明るく輝いていることが菩提心なのですが、LEDライトのスイッチを入れなければ輝きません。**煩悩にスイッチを入れて菩提心に変えて輝かせるのは、私たち一人ひとりの心**なのです。除夜の108の鐘は、密教以外では、煩悩を消すために鳴らしていますが、密教では、煩悩を一つずつ、鐘の音で驚かせて揺り動かし、煩悩にスイッチを入れて108のLEDライトを輝かせているのです。消すためでなく、スイッチを入れて目覚めさせ明るく輝かせる鐘なのです。

また原始仏教では、煩悩について、心を乱す8つの風に例えています。好ましいものとして、やることがうまくいく「利」の風、陰で褒めてくれる「誉」の風、面と向かって褒められる「称」の風、順境にあるときの「楽」の風があり、苦しむものとして、うまくいかないときの「衰」の風、陰で非難される「毀」の風、面と向かって罵られる「謗」の風、逆境にあるときの「苦」の風があります。これらを避けたり止めようとするのではなく、これらの風をきっかけにして、もっと大きな自利利他の風を吹かせようとするのが密教哲学なのです。つまり、私たち一人ひとりがそのままで仏である、そのものが仏であるという密教哲学から、仏として経営するという企業哲学を導くことができます。

他方、禅宗の場合、個人の奥底に仏性があるとしますが、それを塵が覆っているので、その塵を座禅によって払うという考え方を取っています。そのため、塵を払うことが目的であることから、企業哲学との親和性を認めがたいですし、また、何が仏性で何が塵なのか区別がつきにくいということもあります。浄土宗・浄土真宗の場合、死後に浄土へ行くことが目的であり、現世における経営において活用できません。平気で死ぬことではなく、**どのようなときにも平気で生きていくのが密教哲学での悟り**です。なお、本書はより良い企業哲学を構築するために促進型である密教哲学を採用していますが、止滅型がダメなのではありません。人生において、常に小欲を大欲に育てることがふさわしくない時期もあるでしょう！　小欲の内容によっては止滅させるべきものもあるはずです。密教が「密」であって、師と弟子の一対一での伝承を基本としているのは、よく相手を見極めたうえで促進型がいいのか止滅型がいいのかを師がアドバイスすべきだからと考えています。

問66　他の宗派や他の宗教の信者、無宗教であっても、本書を利用できますか？

答　多くの経営者・企業人が、渋沢栄一氏の「論語と算盤」を活用しており、その際、ご自身が儒教の信者ではないので「論語と算盤」を活用できないという話は聞いたことがありません。「論語と算盤」であろうと本書（『密教と算盤』）であろうと、**読者の信仰の有無、宗教の違いや宗派の違いを超えて、企業哲学・人生哲学の役に立つことは明らかです。**

仏教における真言宗以外の他の宗派（天台宗、法華宗、禅宗、浄土宗・浄土真宗）や、他の宗教（キリスト教、イスラム教など）の信者、あるいは、無宗教の人であっても、本書の密教哲学を利用していただくことは十分可能です。

というのも、もともと仏教は体験型・自覚型であって、唯一の神を絶対に信仰するというものではなく、瞑想による体験や自覚の在り方に多様性が認められている柔軟な哲学です。また、インドから中国に仏教が伝来したときには、道教の考え方をベースとして仏教を説明することが行われています。そして我が国における師弟関係や宗派の起こりを見ると、天台宗、法華宗（日蓮宗）、禅宗、浄土宗・浄土真宗は、すべて比叡山延暦寺を基にし、その開祖は最澄であり、最澄は空海の弟子となっています。さらに空海は、天台宗や法華宗（日蓮宗）の最重要経典である法華経について、人間の心の段階における第八住心と位置付け、密教哲学（第十住心）の中にはそれが含まれていることを示しています。

もちろん、本書は、密教の布教を目的としたものではありませんし、葬式仏教に甘んじた本でもありません。本書は、**生きている経営者・企業人に経営や働き方の哲学**を示し、その密教哲学により、生きている企業が、しっかりした企業哲学を構築し、それに基づいた経営を永続的に行っていただくために、寄り添っている本なのです。ですから、本書を活用いただく際、宗派・宗教がいずれであっても、無宗教であっても何の問題もありません。

問67　武士道があるのでそれを基に企業経営を行えばよく、密教哲学は不要では？

答　武士道とは、新渡戸稲造氏の『武士道』によれば、義（正しさ）・勇（勇敢さ）・仁（優しさ）・礼（敬意）・誠実・名誉・主君への忠義という七徳であると記載されています。しかし、**武士道が経営に役立たない**ことは、明治の初めに、武士が商売に手を出した際に、その多くが失敗したことによって示されています。

武士道が経営に役立たなかった理由ですが、武士道は本来経営や商売のためのものではありません。それどころか、江戸時代の武士は商業を卑しいものとして蔑み、武士道と商売が相容れない関係に立っていた時代が長く続いていました。

しかも、先ほど触れたように、武士道の各項目自体の抽象性が高く、具体的には何を言っているのか分かりにくかったり、どのようにでも解釈でき、経営の指針として利用しにくく役立たなかったりということが挙げられます。これは、最近の企業経営者の会も同じで、どの事業者にも当てはまる抽象的な目標・指針だけを示しているため、各企業にどのように当てはめて運用するのかは各経営者が考えなければならず、その際に個別の指導がなくて各経営者がうまく考えられていないことが多いのです（そこで、本書は、密教哲学の概要を抽象的に示すだけでなく、それをいかに活用するのか具体的に問答形式で記載しました。各企業への個別対応についてては麹町塾で行っています）。

また、空海は、人の心を十段階に区分していますが、儒教や武士道の内容である倫理についてては、下から2番目の心として位置付けており、密教哲学が最上位にランクされていて、**密教哲学は武士道の精神・倫理を含んだもの**といえます。そこで、武士道の精神・倫理について、密教哲学を通じて企業経営に活かすということは大いにあり得ると思います。

ただ、武士道の精神・倫理だけでは、空海のいう、下から2番目の心に過ぎません。密教哲学を推進する者としては、当然理解し、わきまえている内容であり、仏として生きるとか、仏として経営するということは、武士道の精神・倫理よりも、もっと高い次元の心・哲学であると考えています。

問68 近江商人の「三方よし」があるので、密教哲学は不要では？

答 近江商人の「三方よし」は、売手よし、買手よし、世間よしという理念であり、当事者の一方だけの利益を目的とした商売を戒め、商売に関わるすべての人や世間に認められる商売を目標としたものです。近江商人については、栄えた原因が三方よしにあるといわれることが多いのですが、歴史を見ると別の考え方ができますし、何よりも、明治時代に没落したことに着目すべきです。

近江商人の故郷を訪ね、資料館を見学し、地元の研究者らと懇談しました。近江商人が繁栄したのは、江戸時代、他の商人らの往来が厳しく規制された中で、比叡山延暦寺が近江商人を庇護したため、**近江商人だけが各地を通行でき**、それによって近江と各地の物流に貢献できたため、近江商人の商売が繁盛したという歴史的背景があります。なお、比叡山延暦寺の開祖である天台宗の最澄は、密教を学ぶため空海の弟子となっています。

明治時代になって、近江商人以外の商人らの往来に制限がなくなると、近江商人は廃れていきました。三方よしの理念によって商売が成功するのであれば、明治時代に入っても近江商人が栄え続けたはずですが、そうではなく没落したことを直視しなければなりません。今では、かつて繁栄していた近江商人が利用していた民家の街並みが残っているだけで商売すら行われていません。

三方よしの理念だけで商売が成功し続けるものではないこと、近江商人が繁栄したのは比叡山の庇護によって近江商人だけが江戸時代には自由に往来できていた点にあったことは、明治時代の近江商人の没落により明白です。もちろん、近江商人の流れを受け継ぐ素晴らしい企業も存在していますが、いずれも顧客の共感を得ることを重視した企業哲学・経営戦略を取っており、本書で提唱している、自利利他の心による仏としての経営を行っているといえます。

問69　葬式仏教だから、企業経営に役立たないのでは？

答　２５００年前、釈尊が死亡する直前、葬式をどうしたらいいか尋ねた弟子に対し、釈尊は、**葬式に心を煩わせることなく釈尊の教えに従って修行するようにと答えています。**

空海も葬儀を行ったという記録は見当たりません（法要は行っています）。

密教哲学は、即身成仏、５つの智慧を中核とし、**生きている人に対して生き方の哲学を説いていることは明白であり、**葬式仏教ではありません。密教における重要経典である**般若心経にも、人が死んだらどうなるという話は一切書かれておらず、「空」概念を基にいかに生きるかということが書かれています。**

なお、真言宗で葬儀の作法が確立されたのは、空海没後２００年ほど経過した平安時代後期における興教大師《こうぎょうだいし》覚鑁《かくばん》の頃からです。平安時代後期以降、飢餓・餓死が深刻化しており、生きているとに幸福が考えられず、死後に阿弥陀如来に導かれて浄土へ行きたいという鎌倉時代の浄土信仰が広まり、仏教全体において葬式と墓守が中心となったものと考えられます。ビジネスモデルとしても、葬式と墓守は、異業種からの参入がない差別化された事業として仏教界で確立され、他方、生きている人への指導が仏教界として疎かになったように思います。

そこで、本書では、葬式仏教となる前の平安時代初期において、**空海が生きている人を指導していた密教哲学**を基に、企業哲学や経営戦略の指針を著しています。

生きている人や企業こそ学ぶべきであるのが、空海の哲学です。確かに、日本の歴史の中で、仏教が、次第に葬式仏教になり下がってしまったことは大変残念です。しかし、空海の密教哲学は、本来、生きている人に対して生き方の哲学を説いたものです。この哲学を活用し、仏として経営する、経営者が仏として生きていくことができるのです。

密教哲学を修得して経営を行うことで、自社の「利益《りえき》」を追求し続けるだけではなく、自社の事業活動を通じて、今の時代に活かされていることへの感謝を社会貢献の形で表すというように、**社会へ「ご利益《りやく》」を与える（利他を行う）企業となるべき**なのです。これを共感経営と呼んでいるのです。

問70　密教哲学の中で、企業経営に一番役立つ内容は何ですか？

答　自利利他という哲学です。企業による社会貢献（利他）の重要性がこれまで指摘されてきましたが、企業のBS（貸借対照表）・PL（損益計算書）のどこで利他を実現するのか示されていません。本書では、企業の売上において社会貢献を実現することを提案しています。寄付や経費負担など企業の財産を流出する方法での社会貢献はよくありますが、これでは、社会貢献よりも給料を上げるべきとの意見が出たり、どこまで企業の財産を損なう形での社会貢献をすべきなのか分からないという不満が生じます。

そこで、本書では、自利の利と利他の利を融合させること、つまり自利を図るとともに社会貢献（利他）を目指して**顧客（ファン）を増やす**ことによって売上のアップにつなげていくことを提案しているのです。

自社のため（自利）だけではなく、また、自社を捨てて他者のため（利他）に尽くすのではありません。何よりも、自利のために推進しながら、それが利他につながっているという、自利利他が最重要なのです。利他が大事といわれており、それは間違いではありませんが、利他だけではビジネスになりませんし、経営者として自社の儲けを度外視して他人に尽くすことだけに集中することはできません。

天台宗では、忘己利他《もうこりた》を標榜し、自らを捨てて他人に尽くすことが提唱されていますが、これでは経営に活用しにくいと思います。本書の密教哲学では、どこまでも自利を大事にしながら、それを利他につなげようと考えます。自分の利と他人の利を一致させることで、自利の追求が利他につながり、また、他人のため・社会のためになることが自利になっている、こういう自利利他を提案しています。

密教哲学の根幹は、各人が仏と一体なのだと自覚することにあります。即ち、仏であるとの自覚をもった経営者が、自分自身の個性を貫いて、孤独に耐え、的確な企業哲学を構築し、それに基づく経営戦略によって顧客の心を掴み、ファンを増やしていくのです。

このように、本書で提唱している、仏としての経営とは、**自利利他心が顧客の共感を呼ぶ「共感経営」**のことです。読者が強くて良い経営者になりたいのであれば、自分の個性を信じ、貫いていくことが必要なのです。そうであって初めて、なぜその企業を経営するのか、この企業の企業哲学は何かを考えられるようになります。自分であることを貫徹するには、最後に頼れるのは自分だけという現実を真に理解し、孤独に耐える力が必要であり、その力を生むのが密教哲学なのです。

問71　五大願や遺誡《ゆいかい》とは何ですか？

答　まず、真言宗の五大願の内容は、①衆生無辺誓願度《しゅじょうむへんせいがんど》（この世のすべてを救う）、②福智無《ふくちむ》辺誓願集《へんせいがんしゅう》（福＝物質的なもの、智＝精神的なもの。物質と精神は果てしないものであり集めることを誓う）、③法門無辺誓願学《ほうもんむじんせいがんがく》（仏の教えは果てしないものであり学ぶことを誓う）、④如来《にょらい》無辺誓願事《むへんせいがんじ》（如来に、生きとし生けるもの皆に奉仕することを誓う）、⑤無上菩提誓願成《むじょうぼだいせいがんしょう》（菩提の完成を誓う）というものです。

他の宗派は、四弘誓願《しぐ》であり、①③⑤は同じですが、②の代わりに、煩悩無数誓願断《ぼんのうむしゅせいがんだん》（煩悩を断ち切ることを誓う）となっており、④は真言宗だけです。このように、②と④が密教哲学の特徴です。煩悩を断ち切ることよりも、物質的なものへのこだわりを捨てることよりも、②のように積極的にそれらを認め、集め、活かしていこうというのです。

次に、空海が弟子に示したものとして「遺誡」があります。その中で、特に重要な内容は、次の5つです。

・**密教の戒律**は**三昧耶戒**《さんまやかい》であるとして、自分（我心）、生きとし生けるものすべての心（衆生心）、仏心が本来一つであると自覚することを求めています（即身成仏）。三昧耶戒は原始仏教以来の十善戒（**正しい理由がないのに**、殺さない、盗まない、悪口をいわない、貪らない、むやみに怒らない、よこしまな思いを抱かないなど）を含むとされています。

・**本尊の三摩地**《さんまじ》として、日常生活の中で自分と本尊が一体となるという瞑想の実践を求めています。

・**二利の円満**として、自分自身の利益（自利）の追求と、生きとし生けるもののために（利他）自分が身を投げ出して働き続けることを求めています。自利だけでなく、そして、利他だけでもなく、**自利を通じて利他を実現し、自利と利他の調和を図ることを求めているので**す。なお、脳の最深部に「膝下部《しっかぶ》」という領域があり、視床下部の機能を調整する役割を担っていて、その視床下部からオキシトシンが分泌されており、オキシトシンは、社会的結びつき・協調性を高める脳内物質であることが解明されています。自利利他の心に基づく経営を行うことでオキシトシンが分泌され、また、オキシトシンによって一層、自利利他の心による経営ができるのです。

・**四恩の抜済**として、両親、治安（鎮護国家）、生きとし生けるものすべて（衆生）、仏法僧（三宝）への恩返しを常に考えて行動することを求めています。「四恩」というのは、私たちが自分一人で生きているのではなく、**社会のさまざまな関わりの中で自分が生かされている**という哲学が基になっています。

・**師の言葉は仏の言葉**と同じであって守らなければならないとされています。師によって授けられた観法《かんぼう》によって真理・哲学に到達するとされてきたためです。

問72　六大の理論は経営者にとって役立ちますか？

答　真言宗では、六大が万物の根源・構成要素であり、人の身体には生まれながらに宇宙の根源と同じ6つの構成要素が蔵されているというのが六大の理論です。仏も私たちも、その根源・構成要素は本来同一であると理解しています。これを自覚することが悟りです。

六大とは、地・水・火・風・空・識であり、地大（堅固を本質とし保持する）、水大（湿りけを本質とし収め集める）、火大（熱さを本質とし成熟させる）、風大（動きを本質とし成長させる）、空大（物質の存在する場所を要素として数える）、識（精神的作用）です。

六大の理論が基盤となり、人も仏も根源が同じであるから、人の心の中に仏性が存在し、この身のままですでに仏であるという即身成仏の哲学へとつながっていくのです。

六大の理論は、経営者のリーダーシップのあり方を考える際にも役立ちます。リーダーシップを成り立たせる根源となる要素としての六大は以下のとおりです。

- **地＝自社の堅固さ・基盤となるもの**を考えます。企業哲学（何のために経営をしているのか）、ステークホルダーとの信頼関係がこれに当たります。
- **水＝自社において収め集めるべきもの**を考えます。企業哲学、経営戦略・マーケティング、組織、リーダーシップをより良くするため、情報収集して改善していきます。

・**火＝自社で成熟・成長させるべきもの**を考えます。顧客に示すストーリーを成熟させてファンを増やします。リーダーとして成長すれば組織が良くなります。
・**風＝自社の強みを把握して、いかに成長させていくか**を考えます。
・**空＝自社が存在する地域への貢献**の在り方、自社の業界内における位置づけを基に今後の進むべき方策を考えます。
・**識＝密教哲学の５つの智慧**を活用し、自利利他の心による経営に努めます。

これらのリーダーシップの根源となる要素を経営者が実践していくことで、自利利他の心による経営が実現します。

問73　即身成仏であれば、お寺に参拝する必要はないのでは？

答　即身成仏という哲学により、私たちがこの身のままで仏であるとしたら、お寺で仏様を拝む必要はなく、お寺にお賽銭やお布施を差し上げる必要もないのでしょうか。

まず、お寺にお賽銭やお布施を差し上げることにより、何らかのお願いをするというスタンスは正しくないと思います。**お寺や仏様は自動販売機ではありません**ので、差し上げたお金の分だけ見返りがあって願いがかなうというものではありません。

お寺を訪ねて仏像を拝み、先祖の墓参りをする際、私たちのこの身が仏であることとの自覚が足りない人であれば、生活や経営について自利利他の心が足りなかったことなどの反省すべき点があるはずですので、その点を素直に懺悔し、今後は仏性を正しく発揮して、自利利他の心で生活と経営を営むことを誓いましょう。

そして、ここまで生活や経営ができているのは、大日如来による大宇宙の創設以来、祖先・先祖が受け継いできた素晴らしいもの（仏性）が私たちの心にあり、また、大宇宙のすべてのものとの素晴らしい関係性があるからです。

そこで、お寺を訪ねて仏像を拝んだり墓参りをするのは、自利利他の心が足りなかったことを懺悔し、**仏性及び大宇宙のすべてとの関係性に感謝する機会**なのです。**お賽銭やお布施は、懺悔・誓い・感謝の気持ちを金銭で表したもの**であり、自利利他を実現しようとする思いに基づくものであって、お寺や仏様に何らかの見返りを期待して差し上げる謝礼（賄賂）ではありません。自利利他の心が足りなかったことを反省し、これからはより一層自利利他の心で生活と経営を行うことを誓い、仏性及び大宇宙のすべてとの関係性に感謝する思いをこめたお金であれば、ぜひ、お布施をして自らの徳を積んでいただきたいと考えています。こうした意味でのお布施であれば、**自利利他の実践であり**、世間から評価され、今後の飛躍へとつながります。

問74　密厳国土《みつごんこくど》とは何ですか？　なぜ、それが企業経営に役に立つのですか？

答　私たちはすでにこの身のままで仏ですから（即身成仏）、この国で、この土地で生活しているのも、仏として生活していると捉えます。この国土は、仏が暮らす国土という素晴らしいものであり、それを**密厳国土**と称しています。

私たちは、仏が暮らす素晴らしい密厳国土を維持し、ますます発展させていくために、仏として経営をしていく、仏として働いていくのです。こうした哲学は、国を治めていくのにふさわしいものですので、嵯峨天皇は、東寺を空海に託し、密教哲学によって京都を治めさせたのです。このように密教哲学は、平安初期には個人の生き方の哲学としてだけではなく、国家統治のために活用されました。

企業が存在する現代において、密教哲学は企業経営の指針となるものです。

密厳国土はよく荘厳された仏国土の意味でしたが、大日経の注釈書では大日如来の世界とされ、空海は曼荼羅の世界と理解しており、あらゆるものが仏と不可分に結びつき、さまざまな縁で結ばれています。

あらゆるものとの縁（関係）を四恩と呼び、父母・衆生・国王・三宝（仏法僧）を意味します。現代的には、家庭・社会・政治・宗教とのネットワークであり、仏との強い絆で結ばれた者が、理想的な曼荼羅世界を築いていくことを密厳国土といいます。

経営者が曼荼羅世界を理想として、多様なステークホルダーとの縁を大事にして企業経営を行うことが、密教哲学に基づいた経営なのです。

問75　十住心論は、企業経営にどのように役立ちますか？

答　大日経は、仏の智慧とはありのままに自らの心を知ることであると説いています。私たちの心は、汚れていやしいものではなく、本来清浄で悟り（菩提）そのものであると説かれています。そこで、本来清浄で悟りそのものであるとされる心を対象として、私たちの心が向上して本来の心の姿を見つけ出す過程を分析したのが空海の十住心論です。

十住心論では、人の心の成長段階を10の意識・心の状態に分けて説明しており、いわば10階建てのマンション構造です。経営者として、10階の住人となり、仏の心で社員を指導し、ステークホルダーと関わってください。では、マンションの下の階から順に説明します。

・1階　本能（食欲と性欲）。煩悩にまみれた心、無智で迷いに気づかず性と食だけに執着する心

・2階　**儒教・論語**。良い心を起こして人の道を守る状態。節制・礼儀をわきまえ分かち合うことを覚え、良心が芽生え始めた段階

・3階　**道教・ヒンズー教**。初めて宗教の教えに触れて宗教心が目覚め始めている状態

・4階　祈る世界を理解して手を合わせるようになるが、欲や損得を離れられず悪いことも良いことも混ぜて行い、まっすぐには信仰に向いていない状態
・5階　すべてが因縁から生じることを体得して迷いと無智を取り除いた状態
・6階　慈悲の心が生じ、衆生を救済しようと努める状態
・7階　一切は空である（心は一切の限定を離れたものである）ことが分かっている状態
・8階　**天台宗**。現象はみな清浄であり、すべてが真実であると知る状態
・9階　**華厳宗**。すべての対立を超えて真実を見る状態
・10階　**真言宗**。**曼荼羅の世界であり真言密教の境地**。心の根源を完全に明らかにし、哲学を悟る究極の段階

十住心論については、10階の密教哲学と9階までの関係についての考え方が2つあります。一つは、10階と9階までは別もので、10階が独立して心のあり方を正しく示しているという考え方です。もう一つは、**1階から9階までの心の段階にも、10階の心は存在し、すべてを含んでいるという考え方です**。後者では、性欲・食欲も10階の心は含んでおり、煩悩・欲望をも包括する広がりがあって、煩悩・欲望にまみれた人をも救済対象とするという哲学です。後者の理解のほうが、さまざまな人々とのご縁を大事にし、関係性をより良いものにしようとする哲

学になじみやすいものと考えています。

問76　自利利他の心（菩提心）とは何ですか？　企業経営に役立ちますか？

答　国民の意識調査によれば、日本の伝統的な感性（美意識）として最も重視されているのが、**「他者を尊重し思いやりの気持ちをもつ」**でした。こうした国民性の国ですから、我が国でビジネスを成功させるには、自利利他の心が最重要なのです。

空海の自利利他の心とは、自利の利と利他の利が融合してその境目がなくなっているものです。企業経営ですから、自社の利益を考えるのですが、それが他者・社会の利益につながっているというのが自利と利他の融合です。特に、この哲学を**売上のアップにつなげる**ことを提案しています。どの企業でも社会貢献を掲げますが、会社の資産を減らす方法では、どこまで資産を食いつぶして社会貢献すればいいのか、それなら従業員の給料を上げてくれという異論が出てしまいます。

密教哲学を基に素晴らしい企業哲学を構築し、自利利他の心を顧客に訴えるストーリーを作って経営戦略・マーケティングに反映させて顧客に訴えることにより、経営者の自利利他の心によるストーリーに共鳴したファンが増えていく、これが密教哲学による経営であり、社会貢献によって（資産を食いつぶすのではなく）売上につなげていく方策なのです。

密教哲学は、経営者として成功したいという欲（小欲）を滅失しようとするものではなく、むしろ、それを大欲に育てます。なぜ経営者になりたいのかが最重要であり、それが企業哲学となります。これまで成功したとされる経営者は、自分のため、自社のためだけでなく、他人のため、社会のために役立ち、大きな価値を創造しました。だからこそ、受益者である他人や社会から仕事の対価としてのお金を得ることができたのです。**経営や仕事は自分だけでなく他人のためでもあるという大欲**を企業哲学として、企業の目的・経営理念として掲げ、それを推進していくのが密教哲学に基づいた自利利他心による経営です。

自利利他の心による経営というとき、例えば、こちらが買主であった際、売主に代金をまったく値切らないのか、値切ると利他心がないといわれてしまうのかということが気になるかもしれません。この点は、昭和の時代から名経営者といわれる人々の著書では、**適切に値切るのは、むしろ売主のためになると主張されています。**つまり、売主に適切な営業努力を求めるのは、買主の役割であるとして、むしろ値切り交渉を推奨されています。自利利他の心による仏としての経営において、仏同士が適切に交渉するというのは十分あり得ることです。買主として、どこまで値段を下げてもらえるのかを勉強し、根拠をもって合理的に売主に対して主張し、売主側も真摯に買主に対して反論し、その過程で適正な価格が決まっていくというのが、仏としての経営といえるのではないでしょうか。

当事者の一方が強い立場であることを悪用して不当に価格を操作するのでは仏としての経営とはいえません。例えば、普段は500円のビニール傘なのに、突然の大雨が長時間続くことになり、傘を売っている店は当店しかないというときに、突然、傘を1本5万円で売るケースを考えてみてください。単に相手の弱みに付け込む商法であり、到底、自利利他の心による経営ではありません。

【もっと密教を知りたい読者のために⑩】

麹町塾では、和文化を経営に活かす研究も行っています。密教哲学において中核となる菩提心・利他心を表した有名な和歌として「奥山に枝折る栞《しおり》は誰がためぞ　親を捨てんと急ぐ子のため」があります。基になった逸話は次のとおりです。

口減らしのために姥捨《うばす》ての風習があった時代、農夫が老いた母を背負い、長い時間をかけて姥捨て山のけものみちを歩き、山奥の捨て場所に母を置いて別れを告げました。道中何度か、母が、けものみちの木の枝を折って目立つように道に置いていたことが気になっていました。母がその枝を目印に山から下りて自宅へ戻ってくるのではと心配になったのです。

捨て場所に置かれた母は息子に対し、「山奥まで来たから、お前が山を下りて帰るのに道に迷ったら困ると思って、けものみちに小枝を置いたから。それを目印に山を下りて家に帰りなさい」と伝えました。母を捨てる息子を母は心配する、こうした母の姿が仏の姿であり、利他心の表れといわれています。

問77　曼荼羅は企業経営にどのように役立ちますか？

答　曼荼羅は瞑想の道具であり、文字では伝えられない内容を、視覚で理解させる装置です（悟りの境地を言葉で表現できないことを言語道断といいます。日常用語とは異なる使い方です）。曼荼とは仏と本質が同じ、羅とは集合体です。この世のすべてが仏の表れで、すべてに意味があることを瞑想で体得するための道具です。曼荼羅の前で、手に印、口に真言、心に仏を描き、瞑想において、自らを曼荼羅の中に移し、曼荼羅の本尊である大日如来と一体化して、自らに仏性があることを悟るのです。

曼荼羅は、宇宙の多様性と個性重視の思想を絵画化したものであり、絵画内で上下関係は存在していません。また、完全な存在は大日如来のみであり、曼荼羅を構成する他の諸仏は、欠けている点があっても、長所をもっているため、その個性が認められ、大日如来の分身としての地位が保障されて曼荼羅内に描かれています。

胎蔵曼荼羅は、12の区分に数多くの仏が配列され、それを１つの大画面に映し出して、すべての仏を鑑賞できるようにしたものです。**胎蔵曼荼羅は、私たちが仏の宇宙にいることを示し**

た宇宙の凝縮図です。大日如来を中心として、大日如来が産み出した宇宙が示され、数多くの仏が描かれており、この中に私たち一人ひとりが、また、企業が存在しています。日本史を見ると、飢餓や戦争に襲われた時代もありましたし、現代社会でも、戦争被害に遭ったり経済破綻をした国々があります。現代の日本に生まれたことについて、大日如来に素直に感謝して、私たちは仏らしく生きていきましょう。

金剛界曼荼羅は、9つに区分されていますが、本来は1つの画面にその9つの場面をそれぞれ呼び出して次々に展開していくものを1枚に描いたものであり、動きのあるストーリーを表現したものです。**金剛界曼荼羅は、私たちの心の中**を示しており、段階的に仏性への気づきが深まっていくことを示しています。

曼荼羅の特徴から、次のように経営の参考にすることができます。

・中央に本尊である大日如来が描かれ、**必ず中心があります**。この点は、企業経営の中核である経営者が企業の中心にいることを意味しています。

・**中央から周辺へ、周辺から中央へという、2種類の動きが設定**されています。これは、経営者の力が周囲のステークホルダーに波及していくことと、周辺のステークホルダーの力が中央の経営者の求心力で集まってくることを示しています。

・**点や線だけではなく空間・領域・場という概念を含んでいます。**これは、企業経営の活動の在り方を考える際に大変参考になります。一部とともに全体を見るべきであることを示しています。部分はあくまで全体の一部分であり、一体なのです。企業の一部で不正が起きた後、企業全体に悪影響を与えて破綻する例は多数あります。

・大日如来だけを単独で描いておらず、**描いている仏の数が膨大です。**この点は、企業を取り囲むステークホルダーといえます。

・**数多くの仏の調和が描かれています。**悟りを表す菩薩、守りや力を表す明王、財宝を担う天（毘沙門天）などに加え、もともとは仏教に敵対していた神々の姿まで描かれています。これは、異なる者や敵を排除して自らの純粋さを追求していくのではなく、多くの異質的な要素を取り込んで、全体として、高いレベルの密教哲学・価値観によって、共存・調和を図っていく世界を描いているのです。

調和の中には交代も含まれています。今の経営者が中心にいて、他はそれぞれが適性に応じた役割を担うことで企業経営を行っていくのですが、それが絶対であり不変ということはありません。動きのある曼荼羅は、中心の経営者が他と交代する可能性についても表しており、よりふさわしい者、ベストオーナーが他にいれば、経営を交代すべきです。

問78 胎蔵曼荼羅についてもっと詳しく教えてください。

答 胎蔵とは、大日経の世界観であり、女性の子宮（胎蔵）が胎児を成長させ子どもを産むように、**大日如来によって宇宙のすべてが宿され、育成されることを意味しています。**

大日経の核心である三句の法門は、

菩提心を因とし（受胎＝私たちの日常的な心が悟りにほかならないという思想的基盤）
大悲を根《こん》とし（胎児が成長して誕生＝人々に対する限りない仏の慈悲が活動し）
方便を究竟《くきょう》となす（子が成長し事業を実践＝人々の救済を積極的に行う）

というものです。

胎蔵曼荼羅の大日如来は、現実世界に通じる哲学の象徴です。胎蔵曼荼羅で示されているのは、この世のあらゆる物事や精神が大日如来によって産み出されて活動しており、あらゆるものの根源はみな大日如来に行き着くので、すべては平等であるという哲学です。そして、仏の智慧は、社会に対する働きかけによって初めて完成するとされ、思想が単に観念的なものにとどまらず、実践活動と一体とされています。

胎蔵曼荼羅は、大日如来の立場・視点から、この世の真実の姿をありのままに描いたもので

あり、大日如来の慈悲が、全宇宙に働いていて、私たちの菩提心（悟りを求める心）を産み育て悟りへと導くことを表しています。

【もっと密教哲学を知りたい読者のために⑩】

密教哲学では、悟りに向かう自利の行とともに現実世界で苦しむ人を救うための利他の行が求められています。その際、**般若《はんにゃ》と方便《ほうべん》の両方を兼ね備えること**が強調されます。般若は空と同じで真理・哲学そのものです。ただこれだけを目的としたのでは自己完成のみとなってしまいますので、般若は方便とセットにされています。方便とは、仏の限りない悲によって般若から立ち上がって人々の救済を行うことです。般若から離れた方便は暴走となるため認められません。**社会に対する活動は必ず真理・哲学と直結して**いなければならず、密教哲学の裏付けがなければならないとして、般若と方便の両方が重視されているのです。

問79　曼荼羅を自社で作成したいのですが？

答　まず、次ページの胎蔵曼荼羅をご覧ください。胎蔵曼荼羅の形を模倣して、ご自身の企業版の胎蔵曼荼羅を作成しましょう。

胎蔵曼荼羅

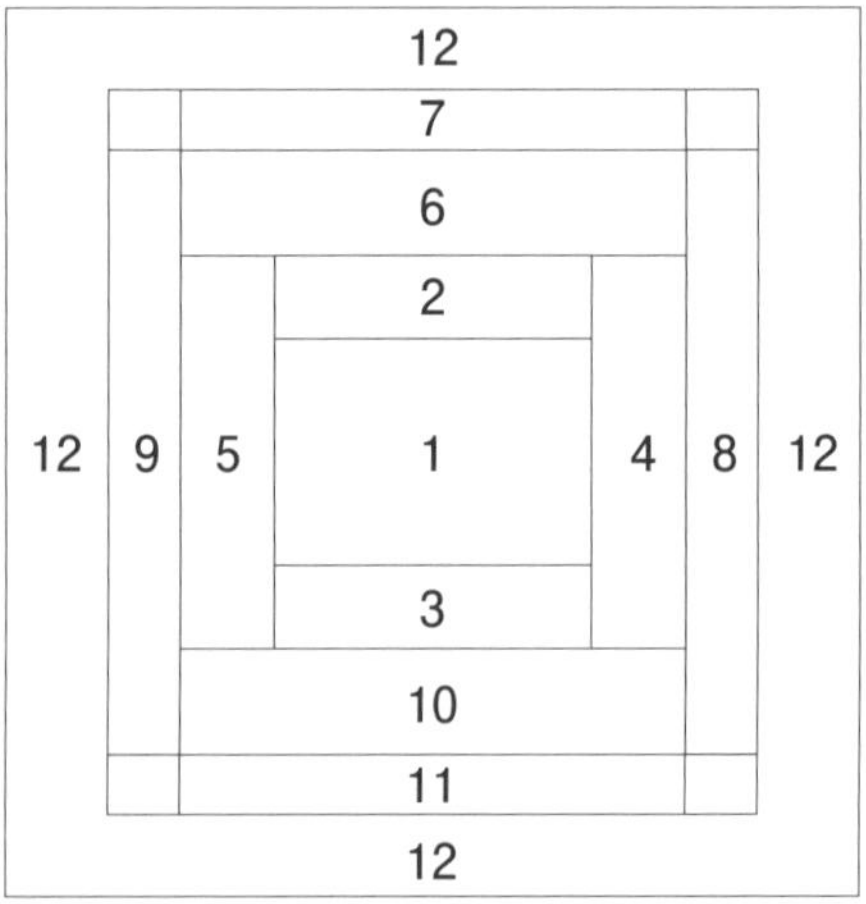

胎蔵曼荼羅の作り方

1枚の紙を用意し、自社及び経営者を中心に書き込みます。

自社及び経営者にとって重要なステークホルダーを、中心に近いところで自らを囲むように記載します。

他のステークホルダーについては遠くに配置するというように、自らにとっての重要性の順に全ステークホルダー、さらに、地球環境・宇宙全体を記載します。

こうして作成したものを毎回の瞑想の際に利用することにより、自社及び自分が、大宇宙・地球環境・全ステークホルダーの中で生かされていること、即ち、自らの仏性を実感できますので、こうした自覚のうえで仏としての経営を進めることができます。

次に、次ページの金剛界曼荼羅をご覧ください。金剛界曼荼羅の形を模倣してご自身の企業版の金剛界曼荼羅を作成しましょう。

9マスの右の列の一番下のマスからスタートして逆「の」字を描いて中央がゴールとなります。例えば、

①経営に当たっての初心
②自利の内容と自利を達成するための戦略
③自利を達成するための組織
④自らを取り巻くステークホルダー
⑤自らを取り巻く地球環境・大宇宙
⑥利他の内容
⑦自利を利他につなげていく戦略
⑧自利利他に基づく企業哲学（なぜこの企業を経営するのか）の完成

⑨自利利他が備わった慈悲心による経営の推進

という順に9マスを埋めていき、それを、毎回の瞑想の際に利用することで、自利利他を実現するための仏としての経営を推進できるようになります。

なお、実際に曼荼羅図を役立てている例として、メジャーリーグで大活躍している日本人選

金剛界曼荼羅

⑤	④	③
⑥	⑨	②
⑦	⑧	①

金剛界曼荼羅の作り方

手は、高校時代から自分なりの曼荼羅図を作成して自らの夢を実現していることで有名であり、その曼荼羅図を見ると、高校時代からの素晴らしい心がけ・目標が記載されていますが、野球の技術論以上に精神面・生活面についての記載が目立っています。

問80　般若心経は、企業経営にどのように役立ちますか？

答　巻末に掲載した般若心経の要点として、「空」の概念を柱としていることが挙げられます。般若心経の4行目にある色即是空・空即是色が最重要ポイントです。

般若心経は、**「空」の哲学があれば釈尊が打ち立てた哲学はすべて不要**であると述べており、原始仏教を切り捨てています。即ち、般若心経の6行目から「是故空中　無色無受想行識　無眼耳鼻舌身意　無色声香味触法　無眼界乃至無意識界　無無明亦無無明尽　乃至　無老死亦無老死尽　無苦集滅道　無智亦無得」と記載された部分で、**釈尊の原始仏教における哲学をことごとく否定しています**（簡単な訳としては、「空」であるが故に、釈尊が述べていた色・受想行識はなく、眼・耳・鼻・舌・意識もなく、眼にする世界も意識の世界もなく、無明もなければそれが尽きることもなく、老いや死もなく、苦集滅道もないという意味です）。

そのうえで、釈尊の原始仏教が徹底して理論的な説明をしたのに対し、その後に生まれた般若心経では、人知のレベルを超えたもの、即ち、神秘の力とでもいうべきものを認めています。

般若心経末尾の「ぎゃーてーぎゃーてー　はーらーぎゃーてー　はらそうぎゃーてー　ぼーじーそわか」という真言の部分がこれに当たります。**般若心経は真言の力を正面から認めているのです。**

経営学では経営の成功例が多数紹介されていますが、経営者の人知によって徹底的に合理性を追及して経営判断をするけれども、その先に、人知を超えたものによって成功に導かれた膨大なケースが見られます。人知の及ぶ領域（①）も及ばない領域（②）もすべて大日如来が生成した宇宙・自然・人間によるものであり、**①と②のいずれに対しても、密教哲学によってしっかりと本質を見つめていくことが、仏としての生き方・働き方です。**

密教哲学では、人知が及ぶ領域（①）で一番大事なことは**言葉の清浄**とされています。空海は、正しい思いによる行動として、密教哲学における悟り（そのままで仏であり、すべてに仏性があることへの気づき）を修得し、宇宙にある一切の存在が同根（同じ仏性）であって、一切が助け合っていくことを重視しています。その中核に、言葉の清浄を保つことがあるのです。空海は、正しい思いから発する言葉が、自信の菩提心（多利の心）を表し、正しい道を歩み、正しい悟りを確認し、それが密厳国土（素晴らしい国家運営・企業経営）につながると述べています。正しい思いから発する経営者の言葉が、その人格となり、運命を作り、企業経営の永続性につながるのです。正しい思いをもつ人が本物であり、**本物の経営者による経営は永続的**

なものとなります。

問81　写経は、企業経営に役立ちますか？

答　密教哲学が重視している瞑想は、呼吸「阿」という字、心の中の月に集中するというものです。脳に任せておくと、現時点で本当に見つめるべきことからどんどん離れて膨大な量を考え出す、特に、心配ごとや気になることについて、悪いほうへ悪いほうへと考えてしまうという、モジュールが働くようになっています。このように膨大な脳の働きの対象となってしまう、本来なら考える必要がない悪い方向のことを**戯論**《けろん》と呼んでいます。戯論は意味がないどころか、脳や体にとって有害であるため、私たちは、瞑想によって戯論を止めなければならないのです。

瞑想について、密教哲学においては、阿字観法《あじかんぽう》、五相成身観法《ごそうじょうじんかんぽう》があり、十八道念誦《ねんじゅ》という加行法がありますが、しっかりした指導者から導いてもらう必要があります。**写経は、不慣れな漢字の文章を書き写すという行為に自然と集中できますから、一人で行う瞑想として最適です。**

経営者や企業人が、写経を日常生活に取り入れることで簡易な瞑想を行うことができ、戯論を止められます。脳内物質の分泌が適切にコントロールされ、自律神経が整うことになります。こうして心身を素晴らしい状態にしたうえで、経営者が仏として経営をし、企業人には、仏として働いてもらいたいのです。

本書には巻末に般若心経全文を掲載しています。短いものとはいえ、全文を写経していると、私の場合、2時間超かかってしまいますから、一日1行ずつ、5～10分かけて丁寧に写経をしてみてはいかがでしょうか。その間、自然に瞑想ができます。

問82　大日経は、企業経営にどのように役立ちますか？

答　大日経では、密教の根幹である秘密の智慧を大日如来が説明しています。その内容は、先ほどの胎蔵曼荼羅の項でも説明しましたが、重要なので再掲すると、

・**菩提心を因とし**＝智慧は、悟りを開こう（私たちが仏そのものと気づこう）とする心から生まれる

・**大悲を根とし**＝智慧は、慈悲（利他）の心を根本原理としている

・**方便を究竟となす**＝智慧は、利他行（普遍的な哲学の力ですべてを救済）を最終目標とする

というものです。私たちが仏であるという**即身成仏の哲学に気づこう**とすること、それは**利他の心（慈悲の心）**が根本にあること、**この哲学の智慧が力を産む**ことが示されています。

大日経は大乗仏教の時代に登場したあらゆる仏を集めたものであり、それを図に配置したの

が胎蔵曼荼羅です。

以下に取り上げる金剛頂経《こんごうちょうぎょう》に基づく金剛界曼荼羅が成立すると、**胎蔵曼荼羅は慈悲を、金剛界曼荼羅は智慧を表す**ものとされました。

大日経に基づく胎蔵曼荼羅の中に、私たちも、企業もすべてが存在しており、利他の心で、仏としての経営を行うのが、密教哲学に適った経営なのです。

【もっと密教哲学を知りたい読者のために⑪】

大日経では、**最初の発心《ほっしん》**、それを実行する修行（利他心に基づいて生活をし働くこと）、その結果（自分の中で菩提心・利他心を体得）がいずれも重要とされています。そこで、密教哲学に基づく企業経営において、最初の目的、それを実現するための手段方法、最後に結果が問われなければなりません。企業の設立目的が自利利他の心に基づかないとか、手段方法が自利利他の心に反しているとか、結果が自利利他に適っていなければ、経営者として是正しなければなりません。

菩提心は、**他人の苦しみを見てそれに自己を投入する慈悲の心であり**、さらに、**何が正しいかを見抜く智慧**でもあります。他人・他社・社会と自分が一体であるという慈悲の心で、あるべき理想と現実の差を基に事業を考え見直していくことが、顧客から評価される企業活動につながります。そして、企業活動の中では、正邪、さまざまなことがありますので、正しく見つめて、何が正しいのかを見抜いたうえで経営をしていく必要があります。

問83　金剛頂経は、企業経営にどのように役立ちますか？

答　金剛頂経では、金剛の事業をなしなさいなどと説かれており、**事業とか経営という言葉自体が、金剛頂経に書かれているワード**です。

釈尊の原始仏教は、釈尊が悟った後に説いた言葉になった教えです。その後、釈尊が何を悟ったのか、悟ったもの自体を表したのが金剛頂経です。

金剛頂経では、悟るためには、**五相成身観**という観法を行い（242ページ参照）、その際、自分の心を満月のようなものだとして観ることによる瞑想方法を示しています。

大日如来の智慧・哲学は、1つではなくさまざまな内容・機能を有するので、4人の如来、16人の菩薩などが、大日如来の智慧の展開として設定されれており、それを金剛界曼荼羅が表していて、智慧の象徴とされています。

経営者・企業人として、金剛頂経自体を読むのは大変でしょうから、金剛界曼荼羅を瞑想で思い描いたり、金剛界曼荼羅の形式を自社用の曼荼羅作成に当たって使用することで、金剛頂経を経営に活かしてみてはいかがでしょうか（205ページ参照）。

【もっと密教哲学を知りたい読者のために⑫】

大乗仏教としては、成仏の時点までに利他行が完全に行われていなければならないのに、密教哲学では即身成仏を認めますので、**大乗仏教における無限に近い利他行の集積を、私たちの生きている中の一瞬で行うことになります。**金剛頂経では、五相成身観の真言（私は菩提心に到達するという意味）を唱えるという象徴的な行為によって、無限に近い利他行の集積が代替できると主張しています。一刻も早く仏であることを自覚し、修得した5つの智慧によって自利利他を推進するよう求めているのです。

終章◉

自利利他の経営を実現する「瞑想」の実践方法

問84 三密加持《さんみつかじ》は企業経営にどのように役立ちますか？

答 人生の悩み・苦しみを瞑想によって克服するということです。

仏教は、釈尊の原始仏教、大乗仏教、密教と大きく変遷しましたが、**変わらない本質は、**いて説明します。人間の身口意《しんくい》の活動が仏の活動であると認識するために、身口意を日常とは異なる次元で活動させるのが三密であって、**身密（身体）・口密（言語）・意密（心）**であり、手に印契・口に真言・心に大日如来を描くものです。三密が人間としての活動のすべてと、大日如来の活動であるとして**全宇宙の活動**を象徴しています。

加持は、人と仏の一体化を感じることであり、**入我我入**（仏が我に入り、我が仏に入る）といいます。順番は、まず、入我であり、仏（大日如来の哲学）が人を導くために慈悲心を発して人がそれを受け止め（他力）、次に、我入であり、人が加持の主体となって大宇宙の哲学（大日如来）の中に入るのです（自力）。

私たちは仏にほかならないのですが、それに気づきません。密教哲学においてそれに気づかせ、私たちが備えている仏の性質を見つけ出す具体的な方策が**三密加持**であり、即身成仏を自覚するために行う瞑想です。仏としての経営を行うに当たり、自身の中に仏性がある、仏と自身が一体であると日々確認することです。自助努力が必要であり他力本願ではありません。

三密加持の効果は、感応道交《かんのうどうこう》です。三密を行ったとき、私たち個人と仏が一つになり、仏の力が私たちに働きかけてくれるのです。感は、私たちが感じることであり、応は仏が応じてくれることを指しています。つまり、三密加持とは、私たちの救われたいという本性（弱さ・何かに頼りたい思い）や、絶対の存在とのご縁を得たいという欲望をそのまま肯定し、密教がもつ包括的なエネルギーや大宇宙の大きないのちと交わることを意味します。

三密加持、即ち瞑想により、経営者・企業人の脳機能に良い影響を与えますし、5つの智慧が研ぎ澄まされ、素晴らしい企業哲学を構築でき、経営・事業の展開に当たって活用することができます。

三密加持を終えると、もとの煩悩に苦しむことになり、これでは永遠に徒労ではないかと疑問に思われるかもしれません。しかし、三密加持を行って脳を研ぎ澄ますことで、あらゆる行為が仏の行為であることを実感し、生きている身体のままで仏の智慧と行動を体験でき、小欲を大欲に育てていくようになると考えられています（すみやかに身、仏と成る……顕得成仏《けんとくじょうぶつ》。即ち瞑想によって機能が改善された脳により、瞑想を終えた後、レーザービームのように高まった集中力を発揮して小欲を大欲に育てていくことができ、煩悩からの苦しみを解決できるのです（このような仏としての日常における三密加持での体験の中に大日如来の神秘が顕現しているといえます）。なお、主に米国の大企業ではやっているマインドフルネスが我が国に逆輸入されていますが、これは、何のために瞑想をするのかという哲学・目的の部分を除いて瞑

智拳印

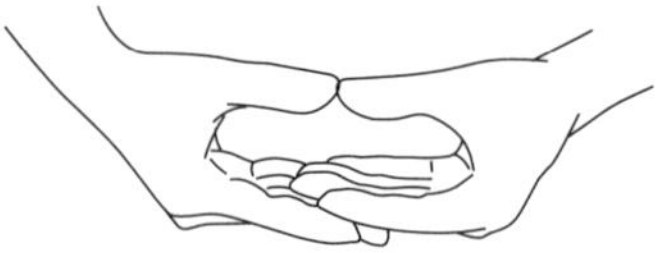

法界定印

想の手法だけを採用したものと考えています。読者の皆様はぜひ、何のために瞑想をするのか、本書全体を通じてよく理解され、密教哲学を修得したうえで瞑想を行っていただければ、その効果が大きくなります。

問85　印契《いんげい》（身密）は何に役立つのですか？

答　手と指を組み合わせる印契は、仏の悟りの境地の象徴であり、私たちと仏が合体すること（入我我入）を手指で示すものです。**それぞれの印契の形は、その仏の心を象徴的に示しており、**本物の仏の機能がそこで働いています。**手と指を組み合わせるところに宇宙の真理が集約され印を結ぶことで仏そのものになるのです。**古代インド人は手の動き、指の組み合わせで言葉以上に宇宙を語る方法を知っており、古代インド文化の伝統のうえで、印契の中に宇宙の真理を凝縮し、密教がその伝統を受け継いだのです。

例えば、胎蔵大日如来は、両手をあおむけに重ねて膝の上に置き、両方の親指を四指から離し、上方で先を接する**法界定印《ほっかいじょういん》**であり、金剛界大日如来は、左の人差し指を右の掌に入れ、両手を拳にする**智拳印《ちけんいん》**です。

不動明王の印は、不動明王の悟りの境地である慈悲に基づく忿怒を象徴しています。密教哲学を学んでいく中で、それぞれの仏の膨大な印を修得していくことになります。

これから密教哲学を学ぼうとする人々においては、まずは、五鈷杵《ごこしょ》（5つの智慧の象徴）を握ることから始めてはいかがでしょうか。五鈷杵は、空海の像や後醍醐天皇の肖像画などにおいてもっていることが描かれている密教の法具です。

問86　真言《しんごん》・陀羅尼《だらに》・呪《じゅ》（口密《くみつ》）は何に役立つのですか？

答　真言・陀羅尼・呪は、**仏の言葉（大日如来が示した哲学）**です。経営者・企業人が、これらを唱えることにより、記憶力が良くなって密教哲学が十分に理解でき、他人から批判されても動じず孤独に耐えられるという効果があります。唱えることで、精神集中・精神統一ができ、仏と一体となるためです。

有名な真言をご紹介します。まず空海は、18歳の頃、室戸岬において虚空蔵求聞持法を行っており、後世では日蓮も行っています。その真言は、

「のうぼう　あきゃしゃ　きゃらばや　おん　ありきや　まりぼり　そわか」

です（無限の智慧に帰依するという趣旨です）。

真言宗で最も大事にされている真言として、光明真言があります。

「おん　あぼきゃ　べいろ　しゃのう　まかぼだらまに　はんどまじんばら　はらばりたやうん」

です（大日如来の徳を称えるという趣旨です）。鎌倉時代に明恵上人が重視していたことからも有名な真言です。

このほか、主な仏の真言をご紹介すると、大宇宙を創造したとされる大日如来の真言は、

「おん　あびらうんけん　ばざらだどばん」

釈尊は仏の一人とされており、釈迦如来の真言は、

「のうまく　さまんだ　ぼだなんばく」

例えば、鎌倉幕府を盤石にした北条義時も厚く信仰していたとされる薬師如来の真言は、

「おん　ころころ　せんだり　まとうぎ　そわか」

です。病気から守ってくれる仏として人気があります。

極楽浄土へ導いてくれるという信仰で名高い阿弥陀如来の真言は、

「おん　あみりた　ていぜい　からうん」

煩悩を断ち切る剣を持っていて一般に大人気である不動明王の真言は、

「のうまく　さまんだ　ばざら　だんせんだ　まかろしゃだ　そわたや　うんたらたかんまん」

愛欲を司る愛染明王の真言は、

「おん　まからぎゃ　ばぞろしゅうにしゃ　ばざらさとば　じゃくうんばんこく」

十一面観音（現世で十種の勝利、来世で四種の功徳があるとされる）の真言は、

「おん　まか　きゃろにか　そわか」、「おん　ろけい　じんばら　きりく」

財宝や武運を司る毘沙門天の真言は、

「おん　べいしら　まんだや　そわか」

般若心経の真言は、

「ぎゃてい　ぎゃてい　はらぎゃてい　はらそうぎゃてい　ぼじそわか」

です（悟りを開いた者を称える趣旨です）。

経営者・企業人にとって、記憶力が良くなり、智慧を備え、悟りを開くために、気に入った仏やお経の真言を選んで唱えてみてはいかがでしょうか。

【もっと密教哲学を知りたい読者のために⑬】

真言・陀羅尼・呪は、今では区別しないで用いられている言葉ですが、それぞれ別の起源があります。真言は真実の言葉であり、古代インドのサンスクリット語でマントラ（マンは思考、トラは器で思考の器の意味）と呼ばれます。

古代インドや日本では、言葉や声に特別な価値を置き（言霊）、その力が神格化され、マントラ（真言）は、古代インドの聖典『ヴェーダ』において神に奉る賛歌でした。反復が重視され、他人に聞こえない程度に何度も唱えると精神状態が良くなって大きな効果があるとされています。真言を1字に凝縮したものを**種子**《しゅじ》といいます。

陀羅尼は精神統一の手段でした。サンスクリット語の発音をそのまま漢字にしたもので、特定のフレーズを繰り返し唱えることで精神を集中させ、自他の区別を超えた領域に入っていくことを意味します。これにより**記憶力が著しく向上**します。集中した精神状態が記憶に適しているというだけでなく、脳の奥底にある記憶のすべてを解放し、さらには、人類が個人の枠を超えて膨大な年月をかけて蓄えてきた智慧を想起すると考えられてきました。この陀羅尼の機能として、物事を記憶して忘れない、物事の意味を思念する、呪力によって禍を除く、物事の本質に達してそれを見極めるという効果が挙げられています。

呪は科学や学問であり、もとは仏教の教理、文法・論理、医薬、芸術、暦などでしたが、さらに、物事を正しく理解することが悪魔を降伏させると信仰され、禍を除く目的で使用されてきました。

真言・陀羅尼・呪は、大日如来の言葉であって宇宙の哲学を集約したものであり、そこには、真理、智慧、功徳という特質があり、災いを除く効果もあるとされています。

瞑想の際、それらを繰り返し唱えることで、大日如来と自らが一体であって、自らが仏であることを体感するのです。

そして、瞑想によって大日如来が作った宇宙の中にわが身を置くという自覚をすることで、**自らが大宇宙の中心であるとともにその一部であること**、大宇宙の中では自他の区別がないことを実感できます。自らが大宇宙におけるすべてのものとの関係性の中で生きているという「空」概念を体験することができます（なお、口密をさらに実践するには、加持念誦、旋転念誦、正念誦を行いますが、密教哲学による共感経営を行うという本書の趣旨から、これらの誦の説明には入りません）。

問87　読経や真言の音響は人体にどんな影響を与えますか？

答　般若心経の観自在菩薩である**観音様は音を観る**と書きます。読経の音声を聞くと心を動かされます。読経における音の振動（周波数）が、聞いている者の体と共鳴し癒しをもたらしているためです。真言を唱えることにより、その際の真言の周波数が、体と共鳴し、体に癒しを与えています。低い周波数の音は人体の下部に、高い周波数の音ほど人体の上部へというように、**周波数ごとに人体の各部に影響を与える**ことについても解明が進んできています。

周波数にこのような効果があるのは、それぞれの周波数が人体と共鳴共振しているためです。臓器は固有の周波数をもち、生活習慣の乱れにより本来の周波数を維持できなくなって体調を崩すため、外部からの波動で共鳴させ、本来の周波数を取り戻し体調を整えるのです。

例として、174Hz＝心を安定させる、285Hz＝自然治癒力を促し心身を整える、396Hz＝不安や恐怖から解放、417Hz＝マイナス思考から変化を促す、**528Hz＝基本となる癒しの周波数（奇跡の周波数）で傷ついた細胞のDNAを修復**、639Hz＝人との調和と人間関係の向上、741Hz＝表現力やコミュニケーション能力の向上、852Hz＝脳の松果体を活性化し洞察力と直感力を高める、936Hz＝高次元の宇宙の意識とつながって脳を活性化するとされ、ソルフェジオ周波数と呼ばれています。音の振動によって効果が得られるものであり、小さな音であっても音の振動を感じることが重要なのです。

音響が人体に影響する根拠として**「倍音」**があります。少ない周波数の音は、その周波数の整数倍の高い音を含んでいて、実際に聞こえている低い音だけではなく、私たちは、聞こえている低い音の周波数の整数倍の高い音にも接しているという性質のことです。読経や真言を唱える際にもこの倍音が含まれており、人体に良い影響を与えているものと考えられます。

さらに、**「ゆらぎ」**が挙げられます。「ゆらぎ」とは、音の大きさの幅や音の高低の幅のことであり、読経や真言を唱える際にもゆらぎが含まれていると考えられます。**1／fゆらぎ**であれば心と体に良い影響を与えるという研究結果が出されています。

現代では、音の癒しを治療で利用しており、音響療法（サウンドセラピー）と呼ばれていますが、密教では、はるか昔から読経・真言で音響療法を行っていたのです。

問88　瞑想は脳に効くのでしょうか？

答　２５００年前、釈尊が人生の悩み・苦しみを克服する手段として活用し、悟りを得た方策が瞑想です。それから現在まで、仏教がどれだけ多様化・変遷しても、瞑想によって人生の悩み・苦しみを克服するという本質は維持されており、そのことからも瞑想の効果は明白です。

また瞑想が脳によい効果を与えることが、脳科学・心理学における多くの研究結果により示されてきました。瞑想で注意をうまくコントロールし、集中力を懐中電灯レベルからハイビームのレベルに高めるとともに心を穏やかに保つことができます。

私たちが**進化できた理由に反するものが瞑想で得られる**ので脳が活性化すると考えています。

祖先は、落ち着きをなくし、びくびくして周囲のすべてに対し、過剰に警戒することによって生き延びてきました。進化して生き延びることと、集中力を高め心を落ち着かせることとは真逆なのです。そのため、進化の中では得られない集中力や心の平穏を、瞑想によって得る必要があるのです。

瞑想によって、原始仏教以来、正定《しょうじょう》とか禅と呼ばれる**きわめて集中した心の状態**となりますので、瞑想をして経営や事業を行えば、鋭い洞察と深い智慧を発揮できます。

真言宗の場合、手印をし、口で真言（マントラ）を唱え、曼荼羅や月輪を心に描きながら瞑想をします。自らが大日如来の生成した大宇宙の一員であり、すでに自らが仏であることを自覚して瞑想することにより、**脳機能が健全化**していきます。瞑想して集中することにより、戯《け》論《ろん》（本質ではないこと）をどんどん考えてしまう脳をコントロールし、脳のパワーを無駄遣いすることを防いでいます。

主に米国の有名な企業では、瞑想から密教哲学の部分を除いたマインドフルネスが流行していますが、本書では、瞑想を密教哲学実践の手段と位置付けています。

原始仏教、天台宗（「隅を照らす」）や精神病の治療（森田療法）では、さまざまなことに思いを巡らす瞑想法が取られています。これらの方法の素晴らしい点は、**心の動線**を作り出そうとしていることにあると考えています。自分が執着したり恐れたりするなど、問題視していることが今後生じたとき、どのような心の動きをするのかを、瞑想の際にシミュレーションしておいて、実際にそれが起きたときに心が動揺しないよう、事前に作っておいた動線のとおりに心を動かして対処する方策と理解しています。

この他、臨済宗では公案（師から弟子に出される難問）を考え、曹洞宗ではひたすらに座禅をするなど、各宗派によって瞑想方法が異なっています。いずれも各宗派などの素晴らしい哲学によるものといえるでしょう。

本書は、企業の経営者や企業人向けであり、いかに企業経営や業務をうまくやっていくかという観点から、自利利他を追求する密教哲学が最適と考えていますので、密教哲学とそれに基づく瞑想法を紹介しています。

さまざまに思いを巡らす瞑想法により心の動線を創る瞑想法と異なり、密教哲学に基づく瞑想法は、真言を唱え、心に月輪を描くなどして集中力を高め、脳機能を健全化する方策であり、何かあったときの心の動線については、瞑想中に創ろうとするのではなく、瞑想を終えた後、すっきりした脳で、高まった集中力を利用して、対応策を検討すれば足りると考えています。

問89　瞑想による脳機能への影響について詳しく教えてください。

答　瞑想の際、深く呼吸をし、酸素を取り込むことで、血液中の酸素濃度が上がって脳全体が活性化します（脳は体重の2％ですが酸素の全消費量の20％を使っています）。
瞑想による脳の**中枢神経軸への影響**は次のとおりです。中枢神経軸は、
・最下位にある脳幹（脳内物質ドーパミンなどを分泌）
・その上にある間脳（視床・視床下部。自律神経を指揮、食欲・性欲や恐怖・怒りなどの感情を制御）
・その上にある大脳辺縁系（扁桃体・海馬・大脳基底核。知覚・判断・動機形成）
・その上にある大脳皮質（前頭前野皮質・帯状皮質・島。思考・価値・計画・監視や衝動の制御）
で構成されています。

自らの仏性を自覚し、集中力を高めようという意図で背筋を伸ばして座って瞑想をすることで、意識を司る脳幹内の網様体と前頭前皮質を刺激し、**注意力・集中力が高まる**ことが知られています。脳幹が刺激されてドーパミンなどの脳内物質が分泌され、大脳辺縁系の活動が活発になり、大脳皮質が強化されます。

こうして、瞑想により、中枢神経軸のすべてのレベルにおいて、健全な意図を育み、それを実行する強さを養っていくことができるのですが、中でも、肯定的な感情・幸福感により情報・作業記憶の保管をする大脳基底核（脳幹・視床・大脳皮質を結ぶ神経群）が安定し、ドー

パミンの分泌が加速されることで集中力が維持されると考えられています。

脳の島、海馬、前頭前野皮質の灰白質を増やし、特に老化により前頭前野皮質が薄くなるのを抑え、**共感力、注意力の機能が改善**されたり、左前頭部が活性化されて気分が高揚します。

ストレス反応の際に副腎から出るコルチゾール（扁桃体を刺激して海馬を抑制）を減少させ、ストレスから解放される効果があります。

瞑想の際の体全体が1つになって呼吸するイメージが、感情とつながる脳の右半球を活性化します。密教哲学を理解したうえで曼荼羅（大宇宙）や如来（大日如来や薬師如来など）を思い浮かべてください。大きな安心感を得て愛着・共感の回路が活発に働きます。脳の左半球が抑制され、**真言陀羅尼を唱えることで脳の言語中枢が満たされ**、ストレスとなる言語活動を抑えてリラックスできます。副交感神経系が強化され、筋肉を緩めて交感神経系（戦うか逃げるか）の興奮を抑え、脳・心が鎮まり、免疫系が強化され、心臓血管系の病気・成人病などが緩和され、不眠症・不安症などの心理的状態が改善されます。

問90　苦しい記憶から逃れるにはどうしたらいいでしょうか？

答　進化の過程で脳に組み込まれたモードでは、快適な経験より不快でネガティブな経験を優先しています。脅威に対して警戒させ、間違いに対して怒らせ、後悔が道徳心を産み、喪失感が他者を求めさせるということにつながり、進化にとって有益でしたが、何も有益なことがない無駄な苦しみも多いのです。

良い経験と記憶を育んでいくことが必要です。瞑想を利用し、自分に起きた良いことを見つめ、自分の中に賞賛すべき性質を見出し、自分への報酬に集中することでドーパミンの分泌が増え、また、他人に愛されているという感情を抱けばオキシトシンの分泌が増大し、共感や満足感が深まるのです。良い経験と記憶、健全な感情を脳に保管して、外部に対して報酬を求める必要性を少なくし、渇望を減らします。

古い失敗を思い出し、その都度、自分を非難していると、その失敗がますますひどいものに思えてくるというように、**記憶はそれに関連づけられた感情と一緒に脳に蓄えられます**。記憶が蘇ったときに、**良い経験・記憶を思い起こすように努力する**ことで、心地よさが記憶と一緒に保管されることになります。このように、記憶に関連付けられたひどい感情を、快適なものに変えていくことで神経構造が変わり、脳が健全なものに変わっていくのです。苦しい経験に逆らったり、楽しい記憶を探し求めることではありません。大切なのは、苦しい記憶と同時に、**私たちの支えとなる感情・思考・観点・哲学を取り入れ**、苦しさと支えとのバランスを図ることであり、この手段が瞑想なのです。**瞑想によって、脳を健全なものに変え**、集中力・知力が高まり、免疫系が強化され、心臓血管系がストレスに強くなります。

瞑想により自らの脳を健全にして真摯さを修得でき（自利）、他者にも多くの貢献（利他）ができます。瞑想の際、大宇宙や自然と自己がつながっているという安心感、如来（大日如来や薬師如来など）・釈尊・空海によって体現されている性質（仏性）と同じものが私たちにも存在している自覚、貪瞋痴の苦しみがいかに生じ、いかにして連鎖を断つのかについての認識が、私たちに良い経験と記憶をもたらしてくれます。毎日わずかな瞑想で、過剰反応や苦しみの連鎖から解放され、自利利他を実践できるようになります。

問91　うつ病・認知症について密教哲学ではどう対応しますか？

答　経営者・企業人、家族の脳が壊れてうつ病や認知症になった場合にどうするか、それらに罹患しないようにするにはどうしたらいいのかということはきわめて重要です。

西洋医学と東洋医学を合わせた統合医療がふさわしいと考えています。

西洋医学では、例えばおかしくなった細胞を迅速に除去する手術を行ったり、投薬による治療をしてもらえます。現在の西洋医学は優れていますが、すべてが解明されているとは到底いえません。

うつ病は、気分障害（感情障害）であり、気力や意欲がなくなったり、不安で眠れなくなるなどの症状が出ます。前頭葉皮質・海馬・扁桃体間の回路の乱れ（脳疲労）や脳の突起が縮んだままとなっていることが指摘されています。原因としてモノアミン仮説があります。脳内の神経細胞の接続部であるシナプス間隙で、モノアミン（セロトニン、ノルアドレナリン、ドーパミンなど気分に関与する神経伝達物質の総称）の量が減少することが原因であるとする見解です。

西洋医学・薬物療法で処方される抗うつ薬は、ニューロンに働きかけるＳＳＲＩ（選択的セロトニン再取り込み阻害薬）であり、服用するとモノアミンの量が増え、神経栄養因子の生産が増加し、神経細胞の数が増えることでうつ状態が改善されると考えられています。依然として仮説にとどまり、原因などが解明されているとはいえませんし、他の仮説も存在します。

認知症は、アミロイドβとタウというタンパク質が、患者の脳における大脳皮質の特定の部分に溜まり、その蓄積されている場所の違いから、４つの認知症に分類されることが判明しています。しかし、その２つのタンパク質を大脳皮質に蓄積しないためにはどうしたらいいのか、蓄積した後はいかに除去するのかについて、薬物治療の方法などが解明されていない段階にとどまっています。

どんな病気への治療においても医療ミスはあり得ますし、手術や治療を完全に実施することはできず、悪い細胞をすべて除去しきれないというケースも存在します。西洋医学では未解明な点があったり、不完全であるため、**東洋医学についても併せて活用する**という統合医療の考え方が適切であると考えています。

瞑想により、脳から不安を除去する効果は大きなものがあります。西洋医学では除去しきれなかった悪い細胞であっても、ともに生きる中で、よりよい細胞に変化することを願って生活していくという、健全で積極的な密教哲学に適う生活態度を重視しているのです。東洋医学だけが正しくて西洋医学を受診すべきないと主張しているものではなく、西洋医学で的確に対処できる病気は医療保険を利用して迅速・適切に処置すればいいのですが、それで完全に対応できないケースがあるのも現実なのです。そこで、西洋医学と東洋医学を併せた統合医療が望ましいと考えています。

健康な経営者・企業人の脳が壊れてうつ病や認知症にならないために、病気の場合には西洋医療を補完するものとして、**密教哲学に基づく瞑想によって脳機能を維持・改善していくこと**が、良い経営・事業を展開していく際の基本中の基本ではないでしょうか。

問92　意密（月輪観《がちりんかん》）は、経営者・企業人にとってどのような効果がありますか？

答　意密とは瞑想のことです。経営者・企業人が洋の東西を問わず瞑想を活用し、イノベーションを産み出していることが経営の文献でも多数取り上げられており、珍しいことではありません。瞑想によって、血圧や心拍数が下がるという生理学的効果だけでなく、考える必要の

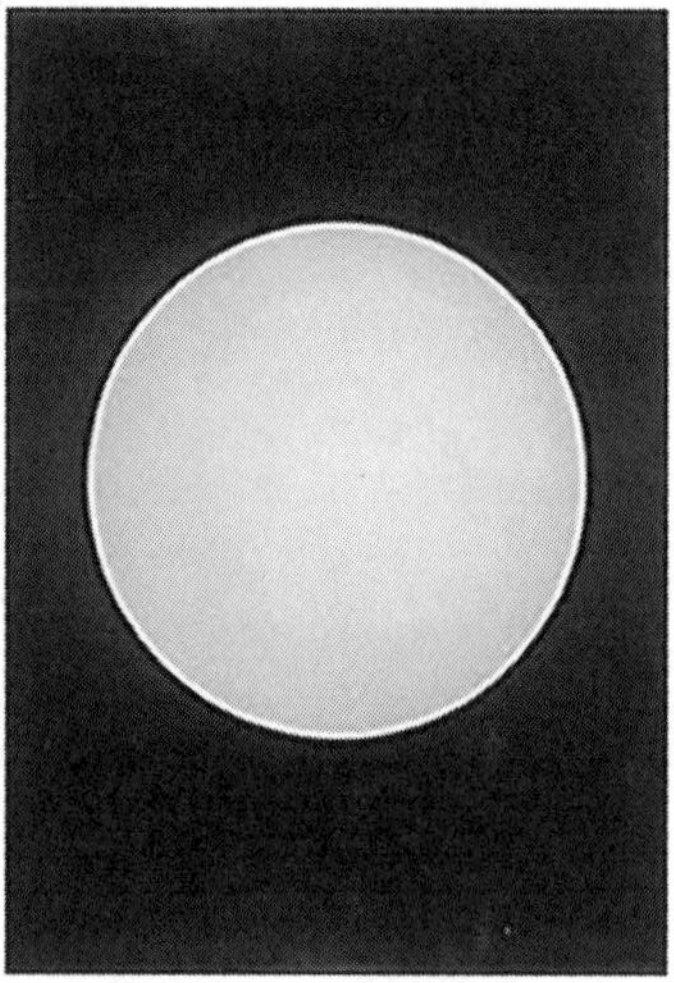

月輪観

ないこと（戯論）から脳を解放して心のゆとりを産み出すことで、消耗していた思考力が蘇り、**正しい認識で新しいアイディアを考え出している**という経営者らの体験が数多く紹介されています。

　意密の目的は三摩地・三昧であり、これは精神を一点に集中することにより、私たちと対象との対立がなくなって、智慧だけが輝くことを実感できます。原始仏教において釈尊は正しい悟りに至るための八正道の８番目に正しい三昧（瞑想）を挙げました。

　意密の基礎は、**月輪観**です。経営者・企業人が自らの心の本性を満月（大日如来の象徴）にたとえ、その心が満月のように完全で欠けたり汚れたところがなく、そこから発する智慧の光が宇宙に及んでいると悟るものです。

　具体的には次のように行います。月輪を描いた紙を前に置き、まっすぐな姿勢で座り（あぐらの組み方は自由）、両目は軽く閉じ、手は法界定印を結びます。体を軽くゆらして緊張感をほぐし、リラックスして、舌を上あごに付け、呼吸をゆっくり静かに行い、この修行が自分のためだけではなくこの世のすべてのためでもあることを念じ、自利利他をよく認識します。そして、大日如来の真言「おん　あびらうんけん　ばざらだどばん」を繰り返し唱えます。その際、自分の体内の月輪と、目の前の月輪と、この世のすべての中にある月輪がまったく同じものであると認識し、目を開けて目の前の月輪を見て、それを自分の心の中に取り込む、これを繰り返します。

次第に、月輪が宇宙の大きさにまで拡大し、自分という意識も瞑想の対象である目の前の月への意識もなくなり、完全に融合する境地となり、自らが宇宙の大きさにまで展開したことを感じます。私たちの心がそのまま清浄な月輪であり、私たちが本来有している清浄な菩提心が姿を著したことを確認するのです。この後、宇宙大の月輪を縮めて元の大きさに戻し、自分の体に納めて終了します。

この月輪観を行う時間は、経営者・企業人にとって、まさに蘇生の時間といえるものになるはずです。

【もっと密教哲学を知りたい読者のために⑭】

空海は、月輪観を行う者の心の段階を5つ紹介しています。

・利那心＝胸に月輪が観想できてもすぐに消えてしまう

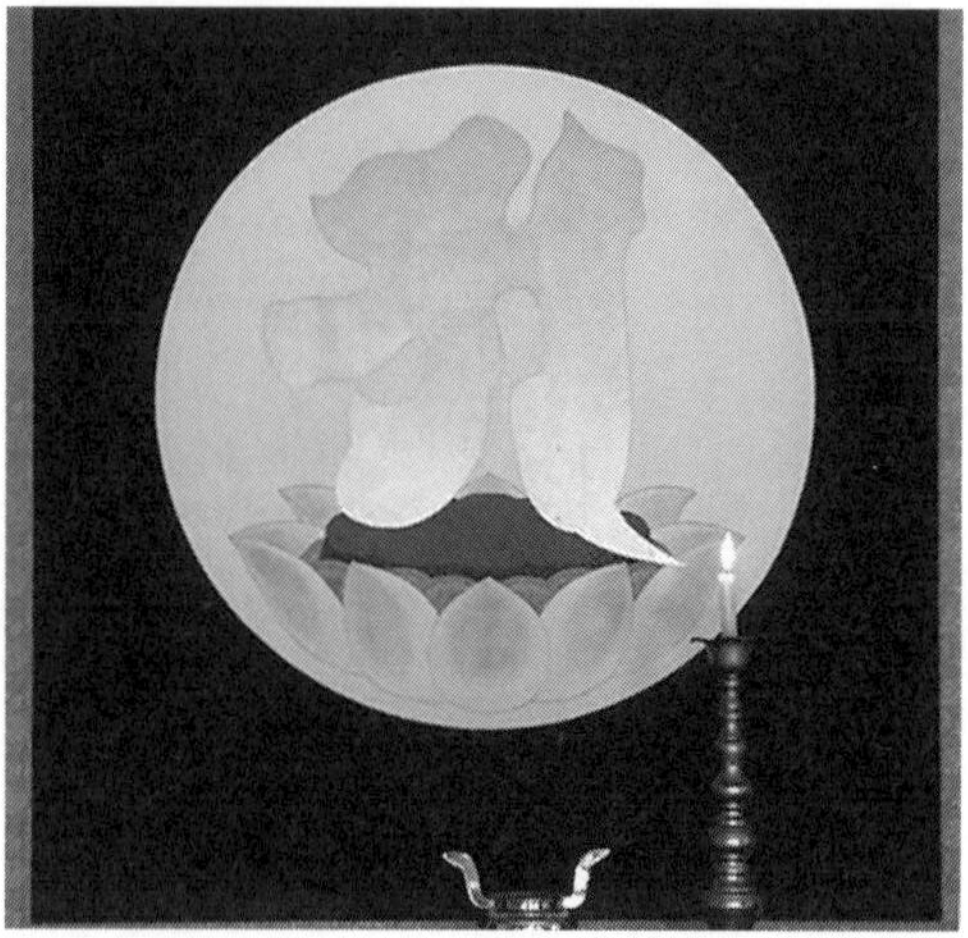

阿字観

・流注心＝瞑想した月輪が消えても再び現れて瞑想が継続できる状態
・甜美心＝月輪観の境地を十分に味わえる状態
・ざい散心＝専念しなかったために瞑想に支障が生じる状態
・明鏡心＝月輪観が完成に達し、大日如来と自らが一体化していると感得できる

問93　阿字観はどのような効果がありますか？

答　月輪観を修得した後、**阿字観**を行います。その目的は、阿字本不生《あじほんぷしょう》、即ち阿字が、「空」と「有」と不生（永遠）を同時に表していると悟ることです。

阿字は、サンスクリット語の不生という言葉の頭文字です。本来的とか初めにという意味をもつ単語の頭文字でもあります。そこで、阿字には本来不生➡本不生という意味が含まれていて、現実世界に存在する一切のものは本来的に、初めから生じたものではないと考えます。即ち何かから生まれたものは有限であるが、何かから生まれていないものは無限であるため、本不生というのは無限である真実そのものであると理解しているのです。

すべてのサンスクリットの音には阿字の音が含まれていますし、サンスクリット語の名詞に阿字をつけると否定の意味をもつこととなります。真理は言葉で表せず、仏教では否定の接頭語を付けて真理を表現しているため、**阿字の文字と音により、永遠で普遍的な真理・哲学に思い至る**のです。阿字は宇宙の真理であり、私たちが瞑想により阿字と一つになることで、有限の私たちが無限の絶対的存在と同化するという入我我入観を得ることができるのです。

【もっと密教哲学を知りたい読者のために⑮】

空海の弟子である実恵が著した『阿字観要心口訣』で阿字観が説明されています。その方法ですが、私たちの心に月輪を描き、その中に蓮華を出現させ、その上に大日如来の種子である「阿」字を載せます。このとき、月輪は金剛界の大日如来、蓮華は胎蔵の大日如来、阿字は金剛界と胎蔵が一体となった大日如来を表しています。具体的な瞑想は、月輪観と同様です。

阿字を実践している自分と、月輪の中の阿字とが一体化し、自他の区別がなくなり、自分が阿字を瞑想しているのか、阿字が自分を瞑想しているのかが判別できず、全宇宙が阿字で満たされるという感覚になります。この境地が**阿字のヨーガ**と呼ばれ、阿字観は完成し、阿字本不生を悟ることとなります。

問94　五字厳身観はどのような効果がありますか?

答　五字厳身観は、大日経に基づく瞑想であり胎蔵法の核です。宇宙の真理の5つの面を象徴する大日如来の5つの種子を、私たちの身体の5か所に置き、**私たちが大日如来と本質的に一体であることを認識する観法**です。身体の特定の場所に、5つの字(種子)を置き、それを変容させて、自らの身体を大宇宙にそびえる巨大なストゥーバ(仏塔)と瞑想し、それが大日如来であると実感することで、自らと大日如来との同一性を体得するものです。

具体的には、最初に、腰に「ア」字を置き、この種子が金色に輝く四角形を瞑想します。これが地輪となり、金剛座印を結び、「なあむ　あ」という真言(「あ」にすべてを捧げます)を唱え、これにより、地輪が絶対に破壊されない基盤に変容し、この基盤が、これから建立される巨大なストゥーバを支えていきます。

次に、臍《へそ》に「ヴァ」字を置き、この種子が白く輝く円(霧の中でぼんやり見える満月)を瞑想します。これが水輪となり、蓮華座印を結び、「なあむ　ゔぁ」(「ヴァ」にすべてを捧げます)という真言を唱え、これにより、水輪はあらゆる慈悲をたたえる存在に代わり、地輪の上に乗ります。

続いて、胸に「ラ」字を置き、この種子が昇る朝日のように燃え上がる三角形を瞑想します。これが火輪となり、火輪印を結び、「なあむ　ら」(「ら」にすべてを捧げます)という真言を唱え、これにより、火輪は煩悩を焼き尽くす存在に変容し、水輪の上に乗ります。

次に、眉間に「カ」字を置き、この種子が黒々とした半月形を瞑想します。これが風輪となり、転法輪印を結び、「なあむ　か」（「か」にすべてを捧げます）という真言を唱えます。これにより、風輪は、悪魔を滅ぼしつくす存在に変容し、火輪の上に乗ります。

最後に、頭頂部に「キャ」字を置き、この種子が青く輝く宝珠と瞑想します。これが空輪になり、大慧刀印を結び、「なあむ　きゃ」（「きゃ」にすべてを捧げます）という真言を唱えます。これにより、空輪は、自らと仏が一体であるという真理に導く存在に変容し、風輪の上に乗ります。自分が下から上に輪を積み上げた巨大なストゥーパに変容し、**広大な宇宙空間にそびえ立っていると瞑想し**、このストゥーパは、内部に宇宙の根源をすべて含んでいるため宇宙そのものであり、そう感じたとき、自らが大日如来であるという密教哲学を悟るのです。

【もっと密教哲学を知りたい読者のために⑯】

大日経では、現実世界が地・水・火・風・空の5つの性格をもっていると説き、大日如来もこの5つの性格をもっていて、この5つを五大といいます。大日如来は、本来的に生とか滅に関係がなく、言葉による表現を離れ、因や縁に依存しておらず、限定がないのです。

問95　五相成身観はどのような効果がありますか？

答　五相成身観は、金剛頂経に基づく瞑想で金剛界法の中心であり、かつて釈尊が菩提樹の下で悟りを開いた過程と同じです。自身の心の本性を見極め、月輪と五鈷杵を用いた瞑想によって自身と大日如来の融合を図り、自身の中に生まれながらに存在する清浄光明を発見し、仏であることを確認するものです。手印として法界定印を結びます。

最初の**通達菩提心**では、自分の心を観察しながら瞑想に入り、「おーむ　ちったぷ　らてぃゔぇどぅはむ　かろみ」（悟りを求める心を究めます）という真言を唱えます。心を、闇に包まれ内部に黒色の「阿」字を映し出す月輪であると瞑想します。

次に、**修菩提心**では、「おーむ　ぼーでぃちったむ　うとばーだやーみ」（悟りを求める心を発します）という真言を唱え、真実を知るための智慧を増大させます。心を、闇が払われ、金色の「阿」字を映す清浄な月輪であると瞑想します。

続いて、**成金剛心**では、「おーむ　てぃしゅた　ゔぁじゅら」（本尊よ　立ち上がれ）という真言、「おーむ　しゅばら　ゔぁじゅら」（宇宙に広がれ　金剛）、「おーむ　さんぐはーら　ゔぁじゅら」（一点に縮まれ　金剛）という真言を唱えます。菩提心が一層堅固なものとなります。月輪の内部の「阿」字が、大日如来の三昧耶形（五鈷杵）に変容していく過程を瞑想します。金剛とは、永遠不滅の哲学は、何物にも壊されないダイヤモンドの象徴です。

次に、**証金剛心**では、「おーむ　ゔぁじゅらーとぅまこ　はむ」（私は金剛の体をもつ）という真言を唱えます。月輪の中の五鈷杵をさらに堅固なものとし、五鈷杵を自らの体に導き入れることを瞑想します。すると、宇宙のあらゆる如来からパワーが放射され、あらゆる如来のダイヤモンドの体が自らの身体に入り込み、私たちがダイヤモンドの身体をもつようになります。これを加持と呼びます。

さらに、**仏身円満**では、「おーむ　やたー　さるゔぁたたーがたーす」（あらゆる如来たちと同じ状態に私は入っています）という真言を唱えます。この修行を完成させ、体の中に入った三昧耶形（五鈷杵）は、本来の如来としての姿に変わるとともに、自身と如来が融合し一体化して自らが如来であることを悟ります。

このように五相成身観は、私たちが仏の性質を自身の心に見出して浄化し、大日如来と一体化する瞑想方法です。

おわりに

一橋大学院経営管理研究科（ＭＢＡ・ホスピタリティマネジメント）で多数の成功企業・失敗例を勉強するうちに、経営・起業・社内ベンチャー・事業遂行は、その成否において、学歴・経歴がまったく関係していないことが分かりました。どんな学歴・経歴の方であっても、経営・起業・社内ベンチャー・事業遂行を実施する際には、人生をリセットし、新たなチャレンジができ、**その才能と努力により人生を切り開く**ことができます。

しかし、自らの才覚を発揮した経営を行う際、社会的責任を果たさないのであれば、単なる集金になってしまいます。この企業の社会的責任は、法律で強制することには不向きです。あくまで、各経営者・企業人の自覚によって果たすべきものであり、そのためには、企業哲学を構築し、それを基に、経営戦略・人財マネジメントを遂行しなければなりません。

実際、経営者や企業人から、何を基にして企業哲学を構築したらいいのかという話をよく聞きます。そこで、「止滅型」ではなく「促進型」であって**経営の指針とするのに最適な密教哲学**を基にして、立派な経営を行っていただきたいという思いから、本書を著しました。今となってみると、葬式仏教にまったく興味がない私が真言宗阿闍梨の僧籍をいただいたのは、この本を書くためであったように思えてなりません。

そして、本書には、経営と脳科学の研究部会や麹町塾で重ねた協議の結果についても盛り込んでいます。

経営と脳科学の研究部会は、令和2年秋から、毎月一回、早稲田大学院またはお茶の水女子大学の教室をお借りし、脳科学・心理学・和文化を企業哲学や経営戦略の構築、より良い組織作り、リーダーシップなどに活かすという観点で、入会金や会費を徴収することなく研究を重ねています。活動の概略については、**ツイッターで「経営と脳科学研究」**で検索・フォローしてみてください。

麹町塾は、経営と脳科学の研究部会での成果と人脈が膨大になりましたので、令和4年1月から常設のオフィスを設けて、文献とご縁をそこに集約しており、こちらも入会金・会費のない、友人同士がともに学ぶ場という趣旨で設けているものです。平日・土日に、企業経営者・研究者・企業人・学生が集い、研究発表や協議を続けてきました。

一橋MBA、経営と脳科学の研究部会、麹町塾において、多くの皆様と協議・懇談させていただき、その成果を本書に記載しております。

この場をお借りして、皆様に御礼申し上げます。

なお、**麹町塾を創設する際、まず空海が定めた綜芸種智院の理念を参考としました。**その要旨は次のとおりです。

「すべて物事が盛んになるか衰えるかは、人を得るかどうかにかかっています。優れた人が世に出るかどうかは、ひとえに必ず道を実践するかどうかによります。多くの志を同じくする者が集まって事業をやれば存続し、同志がなければ衰えるのです。平安京では、貧しい児童や好学の人が勉強しようとしても、どこを訪ねたらよいか分かりません。私は、綜芸種智院を立て、あまねく児童たちを助けてやりたいと思う次第です。

大日経は、およそ教えを伝える者（阿闍梨）となるため、あらゆる学問芸術を学び、しかも、それらを総合的に、より高めてゆかねばならないと説いています。教育環境、人文自然にわたる一切の学問、教師、経済的土台の4つが兼ね備わって初めて教育効果が現れます。学ぼうと志す者があれば、教師たるものは、慈悲の心をもち、貴賤を問わず、貧富をみず、よろしきにしたがって導き、うまず、たゆまず人々を教えなければなりません。経済生活が生きてゆく根本ですので、教育の理想は、師弟の完全給費・給食にあります。

私は、綜芸種智院開設に当たり、わずかな物を充当します。そこでもし、国家の利益を願い、人々のためにという考えがあり、苦悩を捨てて明らかな智慧を得ようと願う者は、私と同じく、わずかな物資、費用を寄付していただき、私の願いを、ともに助けていただきたく思います。そして、末永く、いつまでも皆お互いに、世の人々のために努力いたしましょう。」

天長5年（828年）12月15日　空海しるす

また、幕末の松下村塾も麹町塾のモデルとしています。松下村塾では、「月謝不要、学問の上で身分意識は余計であり、人間は平等、吉田松陰と塾生は友人、松蔭は教育をするのではなく、塾生が気づかない長所を発見して自信を持たせ向上するように導いた」とされています。

最後になりますが、空海が嵯峨天皇より東寺を下賜されてから１２００年後に本書を出版できました。深く感謝しています。

【付録】関連年表

紀元前463年〜前383年　釈尊生存（大正大学仏教学科の見解）　原始仏教が生まれる。

紀元前後　大乗仏教が生まれる。

真言密教の八祖　大日如来（法を授ける者の代表）、金剛薩埵（法を授けられる者の代表）、竜猛（竜樹）、竜智、金剛智、（善無畏、一行）、不空、恵果、空海。

二世紀　竜猛（竜樹）が関係性に基づく「空」理論を提唱。

七世紀　大日経、金剛頂経、理趣経・般若心経が成立。インドから唐へ伝来。

七世紀後半　陀羅尼経典が我が国に伝来。千手観音、金剛蔵菩薩などの密教の像が作られた。

637年　善無畏出生、大日経系統の密教を学び、80歳で唐に入り、大日経を翻訳。

671年　金剛智出生、南インドで竜智から密教を学ぶ。唐で金剛頂経を翻訳。

683年　一行出生、天文学者。金剛智と善無畏から密教を学ぶ。

一行が善無畏とともに大日経を翻訳し、注釈書である大日経疏を作成。

705年　不空出生、唐で金剛智から密教を学ぶ。

不空が唐で玄宗ら3代の皇帝に仕え密教を唐の朝廷と民衆に定着させ金剛頂経を翻訳。

746年　恵果出生、不空に師事し、唐の朝廷から信任を得て密教を広めた。アジア各地から多くの弟子が入門し、空海がその最晩年の弟子となった。
774年　空海出生。
790年頃　空海が虚空蔵求聞持法を行う。
798年　空海が三教指帰を著す。
804年　空海、最澄らが唐に渡る。最澄は浙江州天台山で法華天台を研鑽。
805年　空海が恵果から、密教（大日経・金剛頂経・両界曼荼羅など）を授かる。空海が恵果から遍照金剛という灌頂名が与えられた。恵果はその半年後に死去。
同　年　最澄が帰国し桓武天皇に報告。桓武天皇は法華天台より密教に関心を示した。
806年　空海が帰国。
812年　空海は最澄に神護寺で灌頂を実施（最澄が空海の弟子となる）。その後も、比叡山（天台宗）において、天台教学の研究と共に密教の研究が受け継がれた（台密）。
815年　空海が真言密教を理論化（東密）、大乗仏教と対比する「弁顕密二教論」を著す。
816年　空海が修禅の道場として高野山を授かる。
822年　最澄死去。

823年　空海が嵯峨天皇から東寺を下賜される。
空海が「真言宗所学経律論目録」（三学録）により真言密教徒が学ぶべき聖典を指定。

828年　**空海が綜芸種智院を開校し、同院の理念を示す。**

830年　空海が「秘密曼荼羅十住心論」を著す。

832年　空海の高野山での願文　虚空尽き、衆生尽き、涅槃尽きなば、我が願いも尽きん。

835年　空海死去。

845年　唐の武宗が仏教を弾圧（会昌の破仏）。唐代末期仏教が衰亡。

1023年　藤原道長が高野山参詣。

1115年　鳥羽上皇の帰依を得て興教大師覚鑁《かくばん》が高野山を再興。

1132年　覚鑁が高野山に大伝法院を創設。大伝法院方の隆盛に対し金剛峯寺方反発。

1140年　覚鑁ら大伝法院方が高野山を去って根来（和歌山県）に移る。

1186年　平清盛が曼荼羅図を高野山に奉納（「血曼荼羅」）。

1203年　インドでイスラム教徒がヴィクラマシーラ僧院を破壊し仏教が滅亡。

1221年　承久の乱　北条泰時が明恵上人に帰依。明恵は、光明真言を広めた。

1234年　日蓮が虚空蔵求聞持法を行う。

1333年　**後醍醐天皇**、建武の新政。

14世紀末　朝鮮を李王朝が統一。徹底した廃仏（寺院を焼き僧尼を還俗させた）。
1404年　根来寺が隆盛期を迎える。
1585年　秀吉が根来寺を焼き討ちし全山壊滅。長谷寺に逃れた学僧により豊山派形成。
1601年　壊滅した長谷寺内にあった智積院を家康が京都東山で復興させ智山派形成。
江戸時代　近江商人が比叡山の庇護のもと「三方よし」の哲学に基づいて繁栄。
1857年　**吉田松陰が松下村塾**を引き継いだ。
1873年　渋沢栄一が我が国初の株式会社（第一銀行）を創設。
1875年　渋沢栄一が現在の一橋大学を創設。
1916年　渋沢栄一が『**論語と算盤**』を出版。
1925年　豊山大学などの仏教系大学を大正大学に編入。
1943年　智山専門学校を大正大学に合併。
1949年　新学制による大正大学仏教学部創設。
2020年　早稲田大学院商学研究科に「経営と脳科学の研究部会」を創設。
2022年　麹町塾を創設。
2023年　『**密教と算盤**』を出版。

仏説摩訶般若波羅蜜多心経

観自在菩薩行深般若波羅蜜多時照見五
蘊皆空度一切苦厄舎利子色不異空空不
異色色即是空空即是色受想行識亦復如
是舎利子是諸法空相不生不滅不垢不浄
不増不減是故空中無色無受想行識無眼
耳鼻舌身意無色声香味触法無眼界乃至
無意識界無無明亦無無明尽乃至無老死
亦無老死尽無苦集滅道無智亦無得以無
所得故菩提薩埵依般若波羅蜜多故心無
罣礙無罣礙故無有恐怖遠離一切顛倒夢

想究竟涅槃三世諸仏依般若波羅蜜多故
得阿耨多羅三藐三菩提故知般若波羅蜜
多是大神呪是大明呪是無上呪是無等等
呪能除一切苦真実不虚故説般若波羅蜜
多呪即説呪曰
掲諦掲諦波羅掲諦波羅僧掲諦菩提僧婆訶
般若心経

右為

年　月　日

謹写

●著者プロフィール

中村芳生（なかむら・よしお）

一橋大学院MBA（ホスピタリティマネジメント）卒。筑波大学院ビジネス科学研究群東京キャンパスで会社法等を研究。弁護士（弁理士・税理士）として企業・医療機関の顧問、社外役員等に就任。大手町企業支援総合（株）・CEO。早稲田大学院商学研究科で「経営と脳科学研究部会」を開催。麹町塾を主宰。真言宗阿闍梨。大正大学仏教学部で密教哲学を研究。

密教《みっきょう》と算盤《そろばん》

2023年3月25日　初版第1刷発行

著者	中村芳生
発行者	森下紀夫
発売所	論創社
	〒101-0051　東京都千代田区神田神保町2-23　北井ビル
	tel. 03（3264）5254　fax. 03（3264）5232　http://ronso.co.jp
	振替口座　001601155266

装釘	奥定泰之
組版	桃青社
印刷・製本	中央精版印刷

ISBN978-4-8460-2256-3